暦の留学生

松木梯
Dai Matsuki

幻冬舎MC

はじめに

四十の手習いという言葉がありますが、六十歳にして大学に入ろうという人は世の中に、さほどいないと思われます。

萩本欽一さんが七十三歳にして駒澤大学に入学したのは有名な話です。そして最近では、東ＭＡＸこと東貴博さんが五十一歳にして駒澤大学に入学し、父の死であきらめていた大学入学を三十三年ぶりに叶えたとの出来事がありました。

とても素晴らしい話ですが、これが海外の大学に留学するとなれば、話は全く別次元のことです。

私が六十歳にしてなぜ、アメリカのカレッジに留学しようと決断することになったのかは、単なる思い付きや道楽ではなく、一つの成功哲学を実践したかったからです。

人は心から老いていくといいますが、何かを始めるのに年齢は関係ありません。

情熱が醒めない限りいくつになっても青春のど真ん中なのですから。

「無我夢中」という言葉を見て下さい。

「我を無くして夢の中」

なんて素敵な言葉でしょう！

この本を手にしているあなたの年齢がいくつなのかを私は知る由もありませんが、人は自らあきらめない限り青春は永遠です。

あなたが、今心から打ち込めるものを手にしているのなら、迷うことなく、脇目も振らずそれに全精魂を傾けて邁進して下さい。

青春なんて忘却の彼方に消え去ってしまったと思っている方がいらっしゃったとしたら、この本から勇気を感じて、若き日に夢を追っていた頃の純粋な気持ちを少しでも取り戻すことができたなら、この上ない幸せです。

人生は死ぬまで勉強なのですから。

私が青春時代を送った頃と比べて、現在はグローバリズムの台頭や、ＳＮＳの普及などで世界が圧倒的に狭くなりました。

統計によると、日本に留学している外国人留学生は、二〇二〇年五月一日現在の数字で二十七万九千五百九十七人、そして、日本人学生の海外留学状況は、二〇一九年度で、十万七千三百四十六人を数えるそうです。（独立行政法人日本学生支援機構による

調査）
これから留学を目指している方、お子さんを留学させたいとお考えの方にとりまして、この本が少しでも参考になれば幸いです。
そして、忘れた夢を再び呼び起こし、もう一度何かにチャレンジしてみようと思われた方がいらっしゃったら、この上ない喜びです。

目次

第三章　アメリカ生活スタート

第四章　カレッジ入学

第一章　留学の夢

留学の夢

私は昭和二十八年という第二次世界大戦が終結してまだ八年しか経っていない、まだ日本が貧しく、やっと将来に明るい兆しが見えてきた時代に、北海道の西芦別という小さな町に生まれました。

私が六歳の時に、当時炭鉱夫だった父親が、これからは石油の時代が到来し、炭鉱も先細りになっていくということを実感したらしく、北海道の中でも将来性のある町である苫小牧に移転することとなりました。

当時幼稚園に通っていた私は、園を途中でやめて引越すことになり（のちに中学や高校時代になると、俺は幼稚園中退だ、などとつまらない冗談を言っていたものでした）少々の寂しさを感じながらも、新しい町でこれから起こる様々な未来に期待を胸いっぱいに膨らませながら、黒い煙を吐くＳＬに曳かれる鈍行列車からの車窓を、いつまでも眺めていたのでした。

私は家に初めてテレビが付いた日の感動をはっきりと覚えている世代です。当時は

『じゃじゃ馬億万長者』や『名犬ラッシー』、『わんぱくフリッパー』、『うちのママは世界一』など、アメリカのテレビドラマが数多く放送されていて、そこに登場するごく普通の家庭に普通に大型テレビや、冷蔵庫、洗濯機、トースターなどがあり、広い庭のある一戸建ての家のガレージから、家族が乗った大型の自動車が出てくるといった豊かなアメリカという国に、日本人は誰もが憧れを抱いていました。

小・中・高と人並みに本を読むことが好きだった私は、学校の図書館で読んだHG・ウェルズの『タイム・マシン』や、ジュール・ベルヌの『海底二万哩』や、アメリカンジョークの本などから空想の世界で憧れを抱いていたことも相まって、いつかはアメリカに行ってみたいという夢を持っていたのです。

苫小牧では小学校、中学校、高校と、文武両道の学生生活を過ごしました。当時の大学や短大への進学率は、男女合わせて二十九・二%で、経済的にある程度余裕がある家庭でなければ七割方は就職する時代でした。

私の家は残念ながら高校生の時に修学旅行にも行けないほどの貧しい家庭だったた

め、小学生の時から高校を卒業するまで、正月のささやかなお年玉以外は毎月の小遣いをもらったことがありませんでした。

勉強道具以外で欲しい物があったら、新聞配達や牛乳配達をし、体が大きくなった高校時代はもっぱら肉体労働のアルバイトをして、そのお金で買っていたのです。

そして、そのアルバイトで得た、なけなしのお金を投資し、来るべきアメリカ留学を夢見て、英会話を通信教育で勉強していました。

当然大学進学という今ではごく普通のことが諸事情により叶わず、高校卒業後はすぐに東京に出て就職することとなりました。

その当時の叶わなかった海外留学が、還暦を迎える頃まで自分の夢として、思考の奥の潜在意識の隅っこにひっかかっていたのかもしれません。

あるいは、自分が叶えられなかったその思いを、のちに授かった息子に託したかったのかもしれません。

初めての短期留学

私には陽介という一人息子がおります。

結婚が遅かった（三十九歳）せいで四十三歳にしてやっと生まれてきてくれた一粒種をどれほど可愛がり、どれほど神に感謝したことか。しかも生まれた時の体重は三四二八グラム。私の生年月日は昭和二八年四月三日。このすべての数字を持って生まれてきてくれた時は、なんと親孝行な子だろうと思いました。

息子は誰からも祝福され、とても健康で素直な子供として育ってくれました。

その息子が小学校の高学年になった頃から、折を見ては「陽介は中学を卒業したらアメリカの高校に留学するんだよ」と言わば洗脳する形で、しょっちゅう刷り込みをしていたせいか、中学生活を終了する頃になっても留学に対しては何の懸念も抱かなかったのでした。

陽介が中学の二年生になった時、海外留学に免疫をつけるために二週間の短期留学を経験させました。

勿論目に入れても痛くないほど可愛い息子を単独で留学させるわけもなく、私も同じ短期留学生として同行しました。

当時仕事上の付き合いのあった旅行会社に手配を頼んで、（旅行会社が提案する短期留学は様々なオプションを抱えているため）ホームステイではなくレジデンススタイルのホテルを借りて二人で自炊をしながらカレッジが行っている二週間のサマースクールに参加しました。

二〇一〇年の夏のことでした。


初めての短期留学は、アメリカのカリフォルニア州の南、ロサンゼルスカウンティ（ロサンゼルス郡）に位置するトーランスという町でした。

当時私は趣味のスキューバダイビングで、ハワイやグアム、サイパンには幾度となく訪れていました。アメリカ本土にも、仕事の関係で、ニューヨーク、シカゴ、オーランド、ロサンゼルス、サンフランシスコ、ラスベガスなどには、短期で訪れてはいたものの、たとえ三週間の滞在（短期留学は二週間）とはいえ、アメリカに住むとなると全く事情が違います。そこで、まず最初に確認したのが安全のことでした。

以前アメリカで日本人留学生が、ハロウィンで知人の家を訪ねるはずが、間違って近隣の家に入り、FREEZEとPLEASEとを聞き間違えて射殺されるという痛ましい事件が起きました。

この事件以来アメリカへの留学を控える親御さんが多くなったと聞いていますが、アメリカを避けてニュージーランドに留学した結果地震にあって、お亡くなりになった留学生の方の話は記憶に新しい出来事です。

何かを成し遂げるには常に何かしらのリスクがつきものです。

天変地異は避けられないものですし、海外留学にチャレンジしたという意志は尊いことだと思います。


旅行会社の担当者が言うには「ロサンゼルス周辺は南へ行くほど安全になる」とのことで、トーランスにはいくつかの日系の企業が進出していて、日本人も多く生活しており、比較的安全な町であるとのことでした。

一般的にアメリカは銃社会だし、特にロサンゼルスは、世界で最も犯罪が多い都市の一つというイメージがありますが、最近は様子も随分変わってきていて、犯罪率も下がってきているようです。

よくいわれることですが、安全な時間帯に安全なところで生活している分には、そんなには犯罪に巻き込まれることはないようです。

ロサンゼルスの街中も、通りを一つ隔てると危険地域になってしまうところなどがありますが、そんな地域は、人の雰囲気も違うし、壁に落書きが多かったり、ごみが雑然と散らかっていたりと、清潔な環境で生活している我々日本人には案外分かりやすいものです。


いよいよ初めての短期留学の日がやってきました。

成田空港から十時間のフライトを経てＬＡＸ（ロサンゼルス国際空港の通称）に到着しました。

空港でタクシーを手配し、目的地であるトーランスのマリオットレジデンスホテルには十数分ほどで到着しました。

アメリカは（特にカリフォルニアは）完全な車社会で、公共の交通機関はあまり発達していなく、交通事情だけでいえば、日本でいうと山奥のローカル地域のようで、それなりの都会でも電車はほとんどなく、バスが一時間に一～二本程度あるくらいが普通です。

でもフリーウェイが日本と比べて圧倒的に充実していて、かなりのご老人でも自分で運転する人が多いのです。

カリフォルニア州オレンジカウンティの風景

時々八十歳か九十歳くらいに見える、絵に描いたようなアメリカのご婦人（おばあさん）が、眼鏡をかけて一人でハンドルを握っている、というよりも、ハンドルに固定されているかのようにしがみつき、必死に、最も右側の走行車線（日本の場合の最も左側の車線）を慎重にゆっくりとしたスピードで走っているのを見かけます。

日本の場合、高速道路は東名高速で三車線など、せいぜい二〜三車線ですが、カリフォルニアのフリーウェイは、多いところで六車線プラス側線三車線の計九車線、さらに道路の中央部は日本でよく見られるような中央分離帯ではなく、二車線くらい引けそうな空き地になっているところが多いです。

広い上に日本のような車検制度が無いため時にはとんでもなく古い車が走っていて、事故は日常茶飯事で、中にはフリーウェイ上で黒煙を上げながら炎上しているのを見かけることもあります。https://youtu.be/4QAH35TfQnY（閲覧注意：車が燃えるシーンを含みます）

なぜアメリカには日本のような車検制度が無いのかを以前現地の人から聞いたのですが、真贋のほどは定かではありませんが、定期的にお金がかかる制度は貧乏人に対する差別だと抗議が起こるからだそうです。

そのせいか、ありえないほど古いボロボロの車がいっぱい走っていて、ここは本当に世界一の先進国かと思う時もあります。

私たちも車が無いと身動きが取れないため、到着してすぐにＨｅｒｔｚというレンタカー会社からカーナビ付きの一台を滞在中の足として借りることにしました。

ここでもやはりトヨタや日産、ホンダという日本車が圧倒的な人気でした。

免許は、日本を出発する前に、国際運転免許証を取得していました。

国際運転免許証は居住地の免許証を管轄する公安委員会（運転免許試験場、運転免許更新センター、指定警察署など）に行けば、所有している日本の免許証に準じて手数料二千三百五十円（東京の場合　令和5年2月現在）でその場で一年間有効の物を発行してくれます。


今回は旅行会社に依頼した二週間の短期留学ですので、現地のコーディネーターが付き、到着の翌日早速打ち合わせのためにお会いして説明を受けました。この時のコーディネーターはアメリカ在住歴二十年以上のグレース菊田さんという背の高い女性で、トヨタのカムリを颯爽と乗りこなしてやってきました。

まず、最初に私たちの宿からランチョ・パロス・ベルデスというところにある、メリーマウントカレッジという学校までの道順を覚えるために先導してもらいました。二十分ほどの、比較的分かりやすい道のりだったので、一回でなんとか理解したのですが……。

翌日の朝私たちは学校に向かいましたが、案の定、丘の中腹あたりで道に迷い、行ったり来たりが続きました。

集合時間が迫ってきたため仕方なく道を尋ねようと近くにある大きな家の門をくぐって庭に車をつけて、家のドアをノックしました。

しばらく応答がなかったのですが、何度かノックをしているうちにどうやら大人は不在のようで、十歳前後の姉妹がやってきて二人でガラスが付いたドアの向こうからいぶかしげに私を見ていました。

おそらく見知らぬ人が来ても絶対にドアを開けないようにと教育されているのだろうと想像は付きましたが、私は「道に迷ってしまったのだけどメリーマウントカレッジはどこですか？」と閉まったドアの中に聞こえるような大きな声で何度か聞いたところ、やっと理解してくれたのか、もっと坂の上だよと教えてくれました。

あとから考えて他人の家の敷地内に無断で車を侵入させ、家の玄関まで行った行為はかなり危険だったように思いました。

たまたま大人が居なかったからよかったものの、もし大人が居て、不審に思い、銃で撃たれていたとしても文句は言えないシチュエーションだったのかもしれません。

それをあとで考えたら思わず背筋が寒くなりました。

無事にたどり着いた我々は、メリーマウントカレッジでの、FLS international（FLSは大学やカレッジ内にキャンパスを設けている）の短期留学のコースに参加するためのレクチャーを受け、クラス分けをするためのプレースメントテストを受けました。

私の英語の実力は中学三年の時に英検三級を取得してから、その後、通信教育で勉強していた程度だったので、高校卒業から三十九年を経てそれはそれは悲惨なレベルでした。

中学二年の陽介と比較しても辛うじて私の方が上という結果だったため、陽介の「お父さんと同じクラスでは嫌だ」という主張を受け入れ、私が自分のレベル以上のクラスに入り我慢することとなりました。

私のクラスの留学生は、ベトナムからのシスターが二名、タイ人、台湾人、イタリア人、ボリビア人、コロンビア人、トルコ人、スイス人など多彩な国から来ており、日本人も私以外に二名いました。

午前三時間（休憩を挟む）、午後一時間半の授業はとても開放的な雰囲気の中で進められ、生徒はガムをかんだり、携帯をいじったり、話をしていたりと、日本では考えられない雰囲気でした。

日本で私が学生だった時代は、教師の職は聖職といわれる神聖な存在で、生徒は常に背筋を伸ばし、一切の無駄話をしない状態で授業に集中していたものでした。ちょっとでも気が緩んで外でも見ていたり、あくびなどしたのが先生に見つかったらチョークや黒板消しが、時には拳骨《げんこつ》が容赦なく飛んできました。

どちらのスタイルにも一長一短はあるでしょうが、国民性や文化の違いを如実に感じた瞬間でした。


アメリカのどこのカレッジやユニバーシティにも、基本的に学食のようなものがあり、まあまあ充実したランチをとることができますが、今回は夏休みのためにオープンはしていたものの、とてもランチとは呼べないようなお粗末なものしかなかったため、昼食はいつも車で丘を降りて近くのモールに食べに行きました。

カリフォルニアは言うに及ばず土地が広くかつ車社会なので、至るところにモールがあり、その中には、レストラン、スーパーマーケット、ホームセンター、家電量販店、洋品店、その他諸々の店舗などがあり、中には映画館があるものもあります。

そこに行くと、大抵の用事を済ますことができます。

メリーマウントカレッジでの短期留学生仲間と

さすがに日本人が多く住んでいる地域なので、日本式のスーパーマーケットがあり、品揃えは日本のスーパーに引けを取らないほどでした。

短期留学も何日か過ぎると生徒の中でも親しくなる人ができてきて、昼食時間に一緒にモールまで行って食べたり、日本のスーパーで購入して学食で食べたりするようになりました。

イタリアから来ていた小柄な女の子のアンナは、日本のスーパーに連れていくと、やたら興奮して、

「I love Sushi! I love Sushi!」と何度も叫びながら、単なる海苔巻きの詰め合わせを買って、大満足の表情を浮かべて食べていました。

ほどなく親しくなったブライアンという名の

二十歳のボリビア人留学生に、ある日こんな質問をしてみました。

「ボリビア人が話すスペイン語と、スペイン人が話すスペイン語は多少の違いがあるの？」彼は即答で、

「Very different! Very different!」と、気合のこもったトーンで言っていたのが印象的でした。

確かにイギリス英語と、アメリカ英語、オーストラリア英語などは、当然同じ英語ですから通じるのは当たり前ですが、結構な違いがあると聞きます。

考えてみれば、狭い日本の中でも北海道から沖縄まで、日本語の訛りの違いは数多くあるのですから。


私が中学生の頃ですが、あるテレビ局が、日本語の訛りについて面白い番組を作りました。

津軽地方のおじいさんとおばあさん、鹿児島県のおじいさんとおばあさんを対峙させ、司会者がいくつかの紙に書いた言葉をそれぞれのお国訛りで、相手に伝えてもらう内容なのですが、お互いに全くちんぷんかんぷんだったのを、私は興味深く見ていました。

慣れない英語での授業に悪戦苦闘しながら、やがて最初の週が終わり土日はフリータイムとなったので息子の陽介と二人で、車でロサンゼルスのダウンタウンまで行ってみることにしました。

トーランスからロスの中心部までは、フリーウェイを使うと三〜四十分くらいです。これまでの比較的ローカルな地域から一転して大都会に入り、運転は多少緊張しましたが、意外とすぐに慣れるものです。

チャイニーズシアター近くまで行った時に、見慣れない信号が出てきて一瞬戸惑いましたが、こちらのドライバーは日本のようにすぐにクラクションを鳴らすのではなく、運転に不慣れな人にも比較的寛容で、しょっちゅう出会う意外な運転にも慣れっこのようです。

何せパトカーがウィンカーも出さずに平気で右折や左折をすることが多いお国柄ですから。

アメリカと日本の信号の大きな違いは、右側通行と左側通行の違いは勿論のこと、赤でも右折ができる場合がほとんどということです。

赤は止まれという認識が染み込んでいる日本人にとって、赤なのに右折するという行為が最初はものすごく抵抗がありました。

でもそれも三日もすれば不思議と慣れてくるものです。

駐車場に入るために信号待ちをしていた時のことです。大分運転に慣れて余裕が出てきたせいか、助手席に座っている陽介を見て、ふと呟きが口をついて出てきました。

「陽介君が生まれてきてくれなかったら、こうやってロスで車の運転をすることもなかっただろうなぁ」と。

男同士の親子というのは、自分と父親がそうであったように、照れくささからあまり感傷的な会話はしないものですが、この時の陽介も、フロントガラスの向こうに広がる都会の喧騒を、じっと見つめながら無言でいたのがとても印象的でした。

メリーマウントカレッジはロングビーチに近いランチョ・パロス・ベルデスという丘の上に位置し、目の前には太平洋が広がるとても景観のいい場所にありますが、海に近いせいか、時々霧が出て、キャンパスの中を歩いていると、目の前数メートルを霧が通り抜けてゆくという幻想的なシーンに出会うことがあります。

学校へ向かう丘の途中にはなぜか時々野生のクジャクが羽を広げているのに出くわすことがあります。

このあたりでは珍しいことではなく、時々住宅の屋根の上で羽を大きく広げて我が物顔で自己主張している時もあれば、家のドアを閉め忘れれば勝手に住居侵入してくることもあるそうです。

メリーマウントカレッジのキャンパス

三週間の滞在期間中の食事はレジデンスホテルのため、近くのスーパーマーケットで食料を買い、多くは自炊をしたのですが、たまには外食もしました。

歩いて一～二分のところに小さなモールがあり、レストランがいくつか入っている中で、チャイニーズレストランがあったので、ある日の夕食はその店でとることにしました。

陽介と私は日本の中華レストランの感覚で、飲み物以外に三品ほど注文しました。料理が出てきてびっくりしたのは、一品の量がおおよそ日本の二～三倍くらいあったのです。

隣のテーブルを見ると、体の大きな黒人の親子が両親と十二～三歳くらいの子供二人と計四人で私たちの三倍くらいの料理を普通に平らげているのを見て、アメリカ人の旺盛な食欲に圧倒されたものです。

カリフォルニアの食習慣として、レストランで食べ切れなかった料理は、テイクアウト用の紙のボックスに詰め替えてもらって持ち帰りができるのです。

私たちの食べ切れなかった料理も勿論持ち帰って、翌日いっぱいかかってやっと平らげました。


数日後の夜は同じモールにある寿司屋に入りました。

そこには二度ほど行ったのですが、日本人の板前さんが本格的なお寿司を握っていたので、日本と全く同じ味のお寿司が食べられました。

むしろウニは近くのサンタバーバラの特産品で、とてもおいしく、日本にも輸出されているほどだそうですが、輸出する場合は鮮度が落ちないように（見た目の色が変わらないように）ミョウバン液につけてから出荷するとのこと。

一方、この店で食べるウニはそんな加工はする必要もなく、捕れ立ての新鮮な状態で食べられるため、北海道出身の私でも頬っぺたが落ちるくらいの味わいでした。

そこの板前さんに話を聞くと、こちらに来て七年目とのことでした。

私が何気なく「こちらの生活に慣れると、もう日本には帰りたくないんじゃないですか？」と聞くと「帰りたくないですねぇ～」としみじみ言っていました。

カリフォルニアで働いている日本人に聞くと、異口同音に仕事上の人間関係のしがらみが無いのが、働きやすい一番の理由だといいます。

南カリフォルニアのオレンジカウンティは、地中海性気候のため、一年中温暖で雨もめったに降りません。

たまに雨が降ると、近所の子供たちはビデオカメラを持って玄関先から、落ちてくる雨を珍しそうに撮影しているくらいです。

それに加えて、蚊もゴキブリもいないし、私にとっては何よりも春先の花粉症がないことがこの世の楽園、まさに天国でした。


サンタモニカの南にあるベニスビーチには、世界に名高いゴールドジムがあります。かの有名なミスターオリンピアを七回獲得したボディビルダーのアーノルド・シュワルツネッガーなど数多くのミスターオリンピアを輩出している伝説のジムです。

アーノルド・シュワルツネッガーと同時期にボディビルの世界で活躍していた、イタリアのサルディーニャ島出身のフランコ・コロンボという選手もこのジムに所属していました。

百六十五センチメートル、八十三キログラムという小柄な体ながら、デッドリフトでは、現役時代の小錦の体重以上の重さを

ボディビルダーの聖地
ベニスビーチのゴールドジム

軽々と持ち上げた男です。

一九七五年のミスターオリンピアでは、軽量級でチャンピオンとなり、あのシュワルツネッガーとオーバーオールで総合チャンピオンを争いました。

彼はシルベスター・スタローンが『ロッキー』の映画を作るに当たり、専属トレーナーとしてあの肉体美を作り上げるのにも貢献しました。

その彼が、『パンピング・アイアン』という映画で、こんなことを言っています。

「僕が育ったイタリアのサルディーニャ島では、カリフォルニアというと天国という意味なんだ。僕が今度カリフォルニアに行くと言ったら、みんなが、お前は天国に行くのか？　と聞いてきたんだ」

まさにカリフォルニアは天国そのものなのです。

あっという間に二週間の短期留学は終わりを迎え、いよいよ最終日となりました。

最終日は我々より少し長く留学している生徒たちが、その成果を発表するために、簡単な英語の寸劇を行うこととなりました。

ステージのある体育館に全員が集合し、観劇を終えたあと、短期留学の修了者に終了証の授与式が行われました。

名前を呼ばれた人はステージ上でサティフィケートを受け取るのです。

陽介の順番が来た時に私は一瞬誰か分からなかったのですが、陽介は毎日そう呼ばれていたのですぐに気が付きました。

アメリカ人は英語のEをエ、ではなくイーと発音することが多いため、ヨウスキーと呼んだのです。

陽介がサティフィケートを受け取っている時に、MCが「彼は今回の短期留学生の中で最年少です」と言っていたのですが、続けて私が呼ばれた時、MCは、「彼は今回の短期留学生の中で最年長です」と言っていたのを聞いて、なんとも不思議な気がしました。

陽介が十三歳、私が五十七歳の時でした。

二度目の短期留学

陽介の二度目の短期留学は一度目の留学から一年後の中学三年の夏休みに行うことになりました。

この時は、留学を専門に斡旋している、東京・新宿にあるAという留学エージェントと、数か月前から綿密な打ち合わせをして、陽介が実際に来年入学を目指している学校のカリキュラムに、下見を兼ねて参加をした方がいいとの結論になりました。

場所は南カリフォルニアのオレンジカウンティの中でもかなりの難関であるフェアモント・プレパレートリー・アカデミーというハイスクールで、ここでの一か月の短期留学カリキュラムに参加することとなりました。

この学校はアナハイムにあり、もともとモールの中にあったブランド品を扱うショッピングセンターを学校に改築したので、あとから作った体育館や一部二階建てのオフィス以外のほとんどが平屋つくりの贅沢でとてもファッショナブルな校舎でした。

そしてこの学校の創立が、一九五三年と、私と同じ年であることが、偶然とはいえある種の運命を感じたのでした。

この短期留学にも私は同行しましたが、このコースは入学を前提としたコースのため陽介のみが入り、私はアーヴァインという町にあるＬＡＳＣという一般の人向けの語学学校の一か月コースに入ることとなりました。

成田を発ってＬＡＸに到着してからすぐに、空港で今回もＨｅｒｔｚでレンタカーを借り、宿へと向かいました。

フェアモント・プレパレートリー・アカデミーの前で

途中のフリーウェイで大渋滞に巻き込まれ、その原因の車を見た時に唖然としました。

六車線のほぼ真ん中あたりで、車がもう一台の車の上に乗り上げ、まるでお供えのお餅のような状態になっていたのです。事故が多いとは聞いていたものの、あまりの凄まじさに開いた口が塞がりませんでした。


今回は、陽介が留学する学校に比較的近い場所に宿をとることにして、アナハイムのマリオットレジデンスホテルにしました。

あのディズニーランドが歩いてすぐのところにあり、夜の九時前になると毎日十五分間打ち上げる花火がホテルから見られました。

来年本格的に留学した時のために、新宿の留学エージェントAと契約している現地スタッフの富田さんという人が紹介されました。

富田さんは岡山で教員をやっていた時に、英語の臨時の先生としてやってきたインド系アメリカ人と知り合い、やがて恋に落ち、結婚してカリフォルニアに住むこととなったそうです。

現在は日本人向けの留学コーディネーターとして現地スタッフを務めています。

真面目で人の良さそうな方ですが、どこまで仕事ができるのかは未知数でした。

富田さんの、のんびりとした性格をみて、これまで自分の会社の社員採用のための面接を何人もこなしてきた私は、アメリカで仕事をしているとこうなってしまうのかなという一抹の不安を抱いていました。

その不安は的中しました。

一か月の短期留学が始まる二日ほど前に、富田さんがホテルに来てくれ、例によってこれから自分で通わなければならないため、学校までの道のりを案内してもらいました。

富田さんに先導してもらい最初に陽介の学校を目指し、そこから今度は私の通う語学学校を案内してもらいました。

次の日の午前中は私が道を覚えたかどうか確認するために、私が先行して走り、富田さんは後ろからついてきました。

最初の学校にたどり着いたところまでは良かったのですが、次に私の語学学校に向かう途中で、なにぶん初めての道順なので一回では理解できていなかったために、フリーウェイの分岐を間違えて進んでしまいました。

一瞬の間をおいて間違えたことに気が付いた私は、当然後ろについてきているであろう富田さんの車を探しましたが、見当たらず、並行して進んでいる分岐の正解の道に目をやると、うれしそうな顔をしてこちらを見ている富田さんの車が目に入りました。

なっなっ、なんで？

自分だけ正しい道を行って、今回の目的は何だったの？

通り過ぎてゆく彼の表情が、一瞬勝ち誇っているかのように見えたのはなぜなのだろうとしばらく考えてしまいました。

日本のそれと比べてアメリカのフリーウェイの圧倒的に便利なところは、ほとんどがただであることと、出入り口が概ね、数百メートルおきにあるということです。

日本の高速道路の場合、出口を一つ間違えると、十数キロも進まなければ次の出口が無い場合が多いので、ひたすら目的地が遠のいていくストレスにじっと耐えながらハンドルを握っていなければなりませんが、カリフォルニアのフリーウェイの場合は、間違えても数百メートル行くと次の出入り口があるため、すぐにリカバリーができます。

この時私は、すぐに次の入り口から本線に戻ろうとしたのですが、何せ不慣れでどこに入り口があるか分からなかったため、結局カーナビを頼りにホテルに帰りました。

すると、なんと富田さんがもうすでに先に帰ってきていたのです。

私は、あの勝ち誇ったような顔の真意を確かめたかったのをじっと我慢して、結局間違えた場所から続きをやろうということになりました。

再度フリーウェイに向かい、今度は順調に走り、目的地が間もなくというところに来た時でした。

後ろからついてきているであろう富田さんの車をサイドミラーで確認した瞬間信じられないことが起こったのです。

富田さんの車の後ろから来ていた別の車が、いきなり彼の車に衝突して乗り上げ、普段は見ることのない、車の腹（真下の部分）が思いっきりサイドミラーに飛び込んできたのでした。

私はびっくり仰天しましたが、巻き添えを食わないように車を右サイドに止めて、ゆっくり深呼吸をしてから、車から降りて富田さんのところに向かいました。

ドライバーは双方とも、車から外に出ていました。

ぶつけた方はアラブ系の二十歳そこそこの青年でした。


アメリカで車の事故にあった場合、絶対にしてはいけないことがあります。

それは、たとえ１００パーセント自分が悪くても、決して自分から、

「I am sorry.」と言ってはいけないということです。

訴訟になった時に、

「お前は自分の過失を認めただろう！」

と言われて不利になるからだといわれています。

実はアメリカの多くの州に、〝I am sorry法〟というのがあって、不測の事故が起きた時に、加害者が悪いと感じ〝I am sorry.〟と口にしても、裁判においてそのことを〝罪を認め

た〟証拠として採用できないというのですが、このI am sorry法（SORRY LAW）は現在アメリカの約二十州で施行されているといわれています。

しかし、アメリカ人でも知らない人が多いのです。

だから、その法律があるために、最近アメリカ人が謝るようになったのか？　というと、そうでもないようなのです。

結果として、訴訟大国アメリカにおいては自分に不利になる言動はできるだけ慎むような風潮があるようです。


そのアラブ人の若者は頭を抱えたり、首を横に振ったりというジェスチャーはしても、富田さんに対して詫びるわけでもなく、富田さんも、下手に怒鳴りつけでもした日には、いきなり拳銃を抜かれる心配があるためなのか、相手の顔色をうかがいながら、無言で目を大きく見開き、唇を尖らせて、自分の車のダメージ部分をこれ見よがしに手でさすりながら、ひたすら目で相手にアピールするのみでした。

間もなく語学学校という位置だったのですが、富田さんは私に、

「私は事故の処理で時間がかかるので、先に行って、マヤさんという日本人の事務の方

を訪ねて下さい」

と言うので、私はそこをあとにしてＬＡＳＣに向かいました。

ＬＡＳＣで、マヤさんに会った私は、事情を説明して、入学の手続きを進めていました。

しばらくして、富田さんが左の後輪がパンクしたその事故車でやって来ました。

その後の状況を聞くと、事故の相手はちゃんとインシュランス（保険）に入っていたので、そのデータをお互いに交換して別れたとのことでした。

日本の一般的な対応を頭に描いていた私は、

「警察を呼ばなかったのですか？」

と聞くと、富田さんは、

「アメリカで事故を起こした場合はお互いに免許証とインシュランスのデータを交換して、あとはお互いの弁護士同士が話し合いをして解決するのが常です。事故を起こした当人同士は二度と顔を合わせることはないのです。これはたとえ相手の方が亡くなった場合でも同じです」

と、淡々と答えていました。

さすがは合理主義のアメリカのシステムだなと、私は驚きを隠せませんでした。

陽介の一か月の留学が始まる日の朝、朝食を済ませて、学校に向かいました。

今回は、場所は違えども昨年の経験があるので、多少は余裕があるように見受けられました。昼食を含んだカリキュラムとなっていたため、私は陽介を学校に送り届けたあとは、夕方に迎えに行くまで自分の語学学校で授業を受けることとなります。

やはりLASCでも最初はプレースメントテストをうけ、クラス分けのレベルを決めます。

今度は昨年と違って陽介とは別の学校ですので、無理をして、上のレベルのクラスではなく自分に合ったクラスに入ることとなりました。

クラスは完全な初級のベーシッククラスでした。

ここの語学学校の生徒はサウジアラビア人が最も多く、次に台湾人、ベトナム人、日本人などで、ヨーロッパからの留学生は少なく、あと南米から数人といった感じでした。

学生の留学生は言うに及ばず、仕事の上で英語を使用する各国の社会人、アメリカに住む日本人などが主な生徒でした。

サウジアラビアの国名は文字通り、サウード家のアラビアという意味で、厳格なイスラム教義を国の根幹としていて、最もイスラムの教えを厳格に守っている国だそうです。

宗教はイスラム教が国教で、このため、国民が他の宗教を信仰することは禁じられており、サウジアラビア国籍の取得の際にもイスラム教への改宗が義務付けられています。

法律で酒類すべてが禁止されていて、最近まで世界で唯一、女性が自動車を運転することが禁止されていた国です。

西部にはイスラム教の二大聖地であるメッカとマディーナがあり、世界各地から巡礼者が訪れます。

アメリカにとっては友好国で、カリフォルニアでは、サウジアラビアの運転免許証でそのまま運転ができると、あるサウジアラビアの生徒が言っていました。

サウジアラビア人はイスラム教の開祖である預言者、ムハンマド（モハマッド、モハメド、マホメットなどと発音が変化します）という名をつける人が圧倒的に多く、新しい生徒が入ってきた時に先生は必ずどこから来たのかと、名前を聞きますが、一時一クラスに四人のマホメットがいる時に新しく入ってきたサウジアラビア人の生徒がマホメットであるために先生は一人ひとりを指さして「マホメット、マホメット、マホメット、マホメット、Everybodyマホメット！」と叫んでいたほどです。

ここの学校は、完全なモールの中にあるのではなく、言わばビジネス街のビルの一角に入っているような形でした。

したがって昼食をとるためのレストランが周囲になく、サンドイッチ風の軽食と飲み物を出す程度の飲食店が一軒あるだけでした。

そこもすぐに飽きてしまい、日本人はみな車で十分ほどのところにあるミツワという日本のスーパーマーケットの中に入っている飲食店に行って昼食をとるようになりました。

ミツワにはうどん屋さん、ラーメン屋さん、どんぶり屋さん、寿司屋さんなど十軒ほどの飲食店が入っていて、百五十人ほど入るイートインスペースは、昼食時にはいつも満席でした。

それ以外にも日本のレンタルビデオ店や、食器屋、携帯電話会社、旅行会社、化粧品屋、お茶屋などが入っていて、日本人スタッフが対応するためほんとに便利なところとなっていました。

カリフォルニアで生活するのにとても便利な日本語のフリーペーパーが何種類も置いてあり、中にはほぼリアルタイムでスポーツニュースが載っている、週に二回発行されるこれまたフリーのスポーツ新聞も置いてあります。

中でも一番助かったのは【羅府テレフォンガイド】という名の電話帳です。

因みに羅府とはロサンゼルスの異称です。

羅府テレフォンガイドは、ロサンゼルス、サンディエゴ、ラスベガスなどで多く読まれている無料のガイドブックです。

日本のスーパーマーケットの入り口に積んであるのですが、これが実に便利で、カリフォルニアで生活するために必要な情報はすべて英語と日本語で網羅されているといっても過言ではありません。

日本でいうところのタウンページに当たる部分には、レストランは言うに及ばず、日本語の通じる幼稚園、歯科医院、美容室、etc.

それにプラスして、アメリカ生活スタートアップガイド、アメリカのグリーンカードや市民権の取り方、陪審員制度、移民法、年金、引越し、マイホーム購入、掃除からごみ捨てに至るまで、交通事故や犯罪の対処法、運転免許証の取り方や学科試験の例題、英文の手紙の書き方、高校・大学入学準備、帰国子女教育から日本での就職についてなど、ありとあらゆる情報が網羅されています。

しかも毎年更新されているので、最新の情報が掲載されています。

出版の費用は中に掲載されているお店や企業の広告収入でまかなっているため、写真が大きくたくさん載っていてとても分かりやすいのです。

アメリカは訴訟大国ですので、弁護士事務所は特に一ページや二ページを使って大々的に広告を打っています。

五十パーセントを超える離婚率から考えても、弁護士事務所の需要は日本の比ではないと思われます。

この羅府テレフォンガイドに掲載されている弁護士事務所に私が後々お世話になることになるとはこの時点では全く想像だにできませんでした。

陽介の一か月にわたる短期留学も滞りなく最終日を迎え、この日は課外授業という名目で、近くのブエナパークにあるナッツベリーファームへ行ったようです。

子供に人気のスヌーピーの公式テーマパークであるナッツベリーファーム（Knott's Berry Farm）は世界で最初に作られた元祖テーマパークで、その魅力は、可愛いキャラクターだけではありません。

同園を有名にしているのは、マニアをうならせる絶叫系ライド。のどかでほのぼのとした雰囲気と思いきや、絶叫ライドがずらりと並んでいるのです。

もともとベリー農園を営んでいたナッツ夫妻は、新種であるボイセンベリーの栽培に成功し、発売したところ大人気となりました。

そして夫人が開いたレストランが大盛況となって、連日行列ができるほどになりました。

長い列に並んで待っているお客さんを飽きさせないために提供したエンターテインメントが、アトラクションだったのです。

帰ってくる時間に合わせて迎えに行った私は、あまり過激なアトラクションは得意ではない陽介が、辟易した表情でいるのを見て、今日一日の内容を慮ったのでした。

今回の滞在中の最も印象的な出来事は女子サッカーのワールドカップ・ドイツ大会で、なでしこジャパンが決勝に進出してアメリカと優勝をかけて争ったことです。

二〇一一年七月十七日、この日は日曜日だったので部屋で息子と二人で、リアルタイムで決勝の模様を見ていました。

普段はコンピューターに向かいっぱなしでテレビはめったに見ない息子も世紀の一戦ということで、スポーツ大好き人間の私と一緒にテレビにかじりついて応援していました。

当然放送はアメリカのテレビ局なのでアメリカチームにかなり肩入れした実況になっていましたが、結果はご存知のように澤選手の大活躍で日本チームが見事初優勝を果たしました。

震災に打ちひしがれていた東北地方を含め、日本全国に感動と勇気を届けたのは言うまでもありません。

遠く異国の地で慣れない言語や習慣に悪戦苦闘していた我々も大いなる勇気をいただいた気がしました。

滞在最終日はカリフォルニアの中でも最も象徴的な場所であるビーチに行ってみることにしました。

カリフォルニアにはマリブ、サンタモニカ、マンハッタンビーチ、ベニスビーチ、ロングビーチ、など世界に名の知れたビーチが数多くあります。

私たちが滞在しているオレンジカウンティにもシールビーチ、サンセットビーチ、ハンティントンビーチ、ニューポートビーチ、ラグナビーチなどのいかにもカリフォルニアらしいビーチが数多くあります。

その中で今回はニューポートビーチとベニスビーチに行ってみることにしました。

ニューポートビーチは、ひと昔前の原宿にあったような、こぢんまりとした可愛らしい雑貨を扱った店などが多く軒を連ね、ビーチ沿いにはお金持ちの別荘と見まごうばかりの住宅が並んでいるとても優雅な雰囲気が漂う街です。

意外とカジュアルでリラックスできて、温かく気取りがない人々でいっぱいで、年齢に関係なく誰もが楽しめるところです。

洒落たレストランもいっぱいあり、細やかですが、子供用のアトラクションもあります。

ニューポートビーチのバルボアアイランド

ニューポートビーチの手前のバルボア島からニューポートコーストまでは車ごと対岸へ渡してくれるオートフェリーがあり、陸地を回り込んで行くより二十分くらいショートカットできます。
ビーチの砂浜を何することもなく散歩しているだけでも、燦々と降り注ぐカリフォルニアの太陽と潮風に、心が洗われるような気がしました。
おもちゃ箱のような可愛らしい街であるニューポートビーチをあとにして、次にベニスビーチへ向かいました。
サンタモニカビーチから車で五分ほどの南側に位置するベニスビーチは、これぞまさしくザ・西海岸という感じの雰囲気で、駆け出しのアーティストたちが絵を描いたり、露店的な感じで何かを売っていたりしています。水着でローラースケー

これぞアメリカ西海岸　ベニスビーチ

トを楽しむ女の子の感じが、まさに日本人が思い描くカリフォルニアのイメージそのもので、多くのアーティストがここでプロモーションビデオを撮っています。

前にも書きましたが、ベニスビーチはボディビルダーの聖地としても有名な場所で、前カリフォルニア州知事のアーノルド・シュワルツネッガーは、このベニスビーチの「Gold Gym」でトレーニングをし、ボディビルのコンペティションとしては最高峰のミスターオリンピアを七度獲得しました。

そのためベニスビーチは別名マッスルビーチとも呼ばれ、ビーチのど真ん中には体を鍛える器具がたくさん置かれていて、平日の夕方や週末は、カブトムシのように黒光りした筋肉ムキムキの人たちがここでトレーニングをしているのをよく見かけます。

ゴールドジムの中を見学したあと、車を他の車がたくさん止まっている路上の空きスペースに並べて止めて、三十分ほどビーチを探索しました。

そのあと車に戻り、何事もなく宿泊先に戻ったのですが、この時の駐車が、あとで私にとってとんでもない事件を巻き起こすことになるのでした。

日本に帰ってきて数週間ほどしたある日、英文の封書が東京の自宅に届きました。差出人を見ると、カリフォルニアの日本でいう交通局からでした。

ここでアメリカの駐車について少し説明しておくと、アメリカの駐車禁止は標識で示されている場合と、道路の縁石に赤や黄色のペンキで印が付いている場合があります。

駐車禁止の道路で運転者が車から離れていれば即違反成立です。

パーキングメーターも一分でも超過していれば違反を取られます。

反則金額は通常十～三十ドル程度ですが、ボストン市内では五十五ドル、ニューヨーク市内では場所によりますがマンハッタンのど真ん中なら最高二百ドルほどになります。

また、同じ駐車違反でも、バス停、障害者用駐車スペース、消火栓の前だと違反料金が一気に跳ね上がります（二〜五倍）。

違反切符は警察官のみならず、専門の係員も切るそうです。

この係員の仕事はノルマ制であるため、シャカリキになって違反を見つけるので容赦はありません。

また、この係員には権限が与えられているので、違反に不満があったとしてもその場では抗議はできず、主張は管轄の裁判所に行ってしなくてはならないようです。

反則金を払わないと遅延の加算金が追加されます。

レンタカーを借りて、反則金を払わずに日本に帰ってもレンタカー会社に請求が行って、借りた人のデータが記録されているため、本人のクレジットカードから遅延の加算金を加えて引き落とされてしまうか、そのデータから直接日本の本人宛に支払い督促状が届くということになっています。

よくインターネットの相談コーナーに、

「アメリカ旅行中にレンタカーで駐車違反をしたが、そのまま無視して日本に帰ってきました。どうなりますか？」

などと載っていることがありますが、あまり軽く考えない方がいいでしょう。

下手したら取り返しのつかないことにもなりかねないので。

反則金の支払いまでに、通常は一か月の猶予期間しかありません。それを過ぎると裁判所に出頭する義務が生じ、それもしない場合には裁判所から逮捕状が出されるのです。

次回アメリカの入国審査で拒否されることにもなりかねないのです。

本土に行かなくても、ハワイとかグアム、サイパンにも行けなくなります。

最悪の場合入国審査で逮捕されることもあるようです。


話は戻りますが、私に届いた封書の内容は、私がベニスビーチに滞在していた時間にレンタカーを駐車禁止区域に止めていたレコードがあるとの内容でした。

しかし私に全く自覚はありませんでした。通常カリフォルニアで駐車違反をした場合は、フロントガラスのワイパーに違反切符を挟んでおくらしいのですが、風で飛んだのか、はたまた誰かがいたずらで持っていったのかは定かではありませんが、違反のチケットを私は見ていないのです。

それと、他にも車が普通に止まっている空いたスペースに止めたので、どうにも合点がいかなかったのです。

考えられるのは、ちょうど私が止めた空きスペースが縁石に赤ペンキを塗っている禁止区域だったということと、風がチケットを飛ばしてしまったのではということです。

記録が残っていると言われては争うわけにもいかないので、とりあえず用紙に記載してあったネットで支払う方法からクレジットカード情報を入力して支払いを完了しました。

その上で、どうにも納得がいかないので、私の現在の心境を英文の手紙で送ることにしました。

内容は「反則金は速やかにネットで支払いを完了したので確認して下さい。コピーを添えておきます。ただし、私の名誉のために一言申し上げますが、私は違反行為をしたにもかかわらず知らぬふりを決め込んで日本に帰ってきたわけではありません。指定の場所で駐車違反をしたという自覚がありませんでした。なぜなら、違反のチケットも見ていないし、駐車禁止の場所だったとの認識もありませんでした」

と、つたない英語でこう書き綴って手紙を国際郵便で送ったのでした。

私にしてみれば違反だと言われれば、

「分かりました。たとえアメリカといえどもお上には逆らえませんので支払います。ただし一言だけ言わせて下さい。それで気分も晴れて納得いたしますから」

というくらいの気持ちで書いた手紙でしたが、その後二週間ほどして新たな手紙が届いたのでした。

内容は「あなたには、この案件について異議がある場合はロサンゼルス裁判所に申し立てをする権利があります。二週間以内に出頭するか、できない場合は文章にて異議を申し立てることができます。なお、期日までに出頭せず、書類も届かなかった場合は、その権利を失うことになります」といったような内容でした。

それにしても、いかに訴訟大国とはいえ、日本に帰国した人間に対して、ここまで人権に配慮してアフターフォローをするなんて、さすがアメリカだなと感心するばかりでした。

当然出頭もせず、異議申し立ての書類も送らず、自動的に権利を失ったことは言うまでもありません。

第二章 高校留学準備

入学試験

“Time flies like an arrow.”

季節が廻りいつの間にかその時はやってきました。

陽介の中学生活もいよいよ終わりを迎え、ついに本格的に留学の準備をする時期となりました。

先に書きましたように、フェアモント・プレパレートリー・アカデミーは、南カリフォルニアでは一、二の私立の進学校で、プレパレートリースクール【Preparatory School】とは、イギリスではパブリックスクールへの進学準備をするための私立初等学校ですが、アメリカでは、一流大学への進学を目指す子供たちが入学する名門のハイスクールです。

この学校の生徒はプレッピーと呼ばれ、ある種の優越感をもって学校生活を送ることができます。

したがって入学のハードルは結構高く、新宿にある留学エージェントAと綿密なコミュニケーションをとりながら、万全の態勢で臨もうということになりました。

日本人の場合は直接入学試験を受けに現地に行くのではなく、留学のエージェントで行う入試相当の英語の試験を受け、一定の実力があることを証明しなければ入学の基準のラインに乗らないため、その試験を受けることとなりました。

結果が基準点を上回っていたら次に、スカイプを使った面接試験になることを担当者から聞き、それに備えることとなりました。

試験を終えて結果は文句のつけようのない点数であったため、スカイプの面接も必要のない状態で入学許可の書類が届きました。


やったー！　これで晴れて留学のために全精魂を傾けて準備ができる！

渡航準備

陽介の長期留学に当たって必要な準備はいろいろありますが、まずなんといっても学生ビザ（F―1）とI―20（アイ・トゥエンティ）を取ること、英語に翻訳した中学の成績表を用意すること、留学先の学校が指定する予防接種の条件を満たしている英文の診断書を用意すること、現地での居住地を決めること、そして現地で銀行口座を開設すること、クレジットカードを持つことなどなど他にもいろいろとあります。
アメリカへの入国ビザにはいろいろな種類があります。
・商用／観光ビザ
・就労ビザ
・学生ビザ
・交流訪問者ビザ
・通過ビザ／クルービザ
・宗教活動家ビザ
・使用人ビザ
・報道関係者ビザ
・貿易駐在員・投資駐在員ビザ
・婚約者ビザ
・非移民ビザなどですが、
留学生が利用するビザとして代表的なのが、F―1ビザ、つまり学生ビザのことです。

アメリカに「留学」する場合、このビザを取得することが大前提です（ただし、三か月以内の短期留学の場合、原則ビザは必要ありません）。

このF―1ビザは、アメリカ政府が規定する条件の下、学生としてアメリカに滞在する人のために発行される入国許可証で、小学生から大学院生まで、学生という区分に入る人たちにはすべてこのF―1ビザが適用されます。

このF―1ビザ取得の条件としてI―20を持っている必要があります。

I―20とは自分が留学時に通う学校から発行される在学証明書のことです（正確には在留資格証明書と訳されます）。

留学生にとっては、パスポート、F―1ビザに次いで必要な書類です。

これは、自分が入学する予定の学校を通して政府から発行してもらう物です。

入学が決まれば、I―20を発行してもらえますので、それを元に手続きを開始することになります。

今回の陽介の長期留学は、シンプルにホームステイをすれば済むことなのですが、親バカの過保護と言ってしまえばそれまでですが、一人息子を単独でアメリカに放り出す勇気が私には無く、息子と話し合いの結果、私が同行することとなったため、二人分の準備が必要となりました。

幸い私の仕事は会社経営で、我が社にはすでに新しい社長を任命していたため、私の仕事はインターネットでの銀行決済など、時間と空間に縛られない作業のみとなっていました。

言ってみればセミリタイア状態でした。

したがって、息子の留学に合わせて、私もアメリカ留学を真剣に考えることにしました。

しかし自分のことは二の次で、まずは息子の留学準備に全力を注ぐことになります。

学生ビザ（F—1ビザ）はアメリカ大使館へ出向いて直接申し込みをすることになりますが、学生ビザ取得のための面接の際にはI—20を持参する必要があります。

当然アメリカで受け入れる学校の許可証が無いと、学生ビザの申し込みはできません。

陽介の場合、基本的にはフェアモント・プレパレートリー・アカデミーの入学許可書を持参するのが前提ですが、I―20に関しては入学が夏ということで、ハイスクールでの発行はまだ先になります。

そのため五月から入学までの期間は、オレンジカウンティの中のコスタメサというところにある、日本でもお馴染みだったジオスという英会話スクールに入学し、事前に英語の勉強をすることにしました。

したがって、そこが発行するI―20をもってF―1ビザの申請をすることとなりました。

留学エージェントAの手配によりF―1ビザの申請にアメリカ大使館に向かいました。大使館に到着するとオープン三十分前にもかかわらず、五十人ほどの長蛇の列ができていました。

平日の朝からこうして人がたくさん並んでいるということは、おそらくアメリカのビザ申請者が、あまたある外国の中で一番多いのではないかと思われます。

オープンの時間となり、順次列が進んで行き、やがて我々の番が来ました。

9・11のテロの影響なのか、それ以前からなのか、入り口では空港のそれを彷彿とさせる厳しいセキュリティチェックが行われていました。

無事中に入り、申請書を提出して順番を待っていると、銀行の窓口のようなブースがいくつもあり、担当官がそれぞれのブースでビザ発給のための面接をしていました。

自分の順番が来る前に他の人の状況を何とはなしに見ていると、二歳くらいの男の子と四歳くらいの女の子を連れた三十代の夫婦が呼ばれたり席に戻ったりしていました。

聞くともなしに聞こえてくる担当官の話によると、旦那さんが以前アメリカでオーバーステイ（不法滞在）をしたことについて触れていました。

推測するに、家族四人でハワイかアメリカのどこかに旅行をする予定だが、おそらく旦那が昔、若気の至りでオーバーステイをしたことを旅行代理店に話したら、

「現地到着後に空港のイミグレーションで、入国拒否になる可能性があるので、事前に観光ビザを取得してから行った方が安心なのでは！」

というようなアドバイスを受け、それを元にビザ申請に来ているのではないのかと思いました。

南にメキシコと国境を接するアメリカにとって、国境を越えてくるメキシコからの不

法滞在者は大きな社会問題の一つとなっているため、オーバーステイに関してはかなり厳しく見られるようです。

この家族を見ていて、今は二児の父親として真面目に生活しているのであろう彼の若気の至りに対して、

「どうか寛大な処置をして下さい」

と心の中で願うばかりでした。

いよいよ自分たちの順番が回ってきて、流ちょうな日本語を話す三十代と思われるアメリカ人の担当者に面談をされることになりました。

「奥さんを日本に残して息子さんと二人でアメリカに行くと、奥さんがかわいそうじゃないですか？」などと聞かれましたが、「今はスカイプがあるし、毎日でも顔を見て話ができるので問題ありません」などと通り一遍の話をし、無事に面接は終了してF―1ビザが取得できることとなりました。

アメリカは移民の国ですが、未だに毎年数多くの移民が入国してくる状況ですので、感染症などの広がりについては当然神経質になっています。

長期の留学に当たっては、英文で書かれたIMMUNIZATION RECORD（予防接種の記録）を提出する必要があります。

一般的には、母子手帳などに記載されている予防接種の記録を元に、かかりつけの内科医に依頼すれば、数千円程度の費用で作成してくれます。


海外旅行を経験したことのある方は、クレジットカードの便利さを十二分にご理解なさっていることと思います。現金を持ち歩かなくて済む、サインが必要なため不正使用されにくい、一定の条件にもよるが、万が一紛失して不正使用されても保険によってカバーされる、などの利点がありますので、長期の海外留学生活においては、クレジットカードは必需品です。

それと、長期の海外生活をする上で、その地域に銀行のアカウント（口座）を持つことは必須となります。

私たちはカリフォルニアに家を借りて生活するつもりでしたので、当然電気、ガス、水道などの料金を支払うために銀行口座が必要となります。

一般的にアメリカで銀行口座を開設するには、アメリカに行き、現地の銀行での手続きや、SSN（Social Security Number:アメリカの社会保障番号）の提示をすることが必要です。

通常は英語での手続きとなりますが、日本には画期的なシステムがありました。

三菱UFJ銀行には、カリフォルニアアカウント・プログラムというシステムがあり、日本に居ながらにして現地のMUFG Union Bank, N.A.（ユニオンバンク）に口座（セービングス・アカウントという日本でいう普通預金口座と、チェッキング・アカウントという日本でいう当座預金）を開設することができます。

世の中便利になったものです。

のちにアメリカでの生活が始まった時に、この口座を使用して電気、ガス、水道、携帯電話、ごみ回収料金などの自動引き落としの手続きが、オンラインでできることとなりました。

いよいよ留学の準備が整い出発の日が近づいてくると、これからやってくる未知のことへの期待感にワクワクするのと同時に、えもいわれぬ不安感に苛まれる日々が続きました。

毎晩ベッドに入るたびに期待と不安が入り混じった感情で、寝付けない日々が続きました。

そんな時いつも心に言い聞かせていたのは、

「すべてはうまくいく！　すべてはうまくいく！」

という言葉でした。

プラス思考の暗示を、繰り返し、繰り返し、潜在意識に刷り込む毎日でした。

第三章　アメリカ生活スタート

現地コーディネーター

五月に入り、すべての準備が整い、いよいよアメリカへ向かって出発することとなりました。

今までの短期留学と違い、いろいろと準備に苦労したことや、これから長い旅が始まるといった思いなどで、まさに期待と不安が入り混じった複雑な感情でした。

十時間のフライトを経て、見慣れたＬＡＸに到着した瞬間、今まで味わったことの無い感覚で「**I'm finally here.**（ついに来たんだな）」と心の中で叫んだのでした。

アメリカでの生活が始まりました。

まず段取りとして、慣れたマリオットレジデンスに部屋を借りて、その間にこれから長く住むことになるレンタルハウスを手配すること、陽介の入学時期が来る八月まで語学学校のジオスに入り、少しでも語学の勉強をしておくこと、カリフォルニア生活で欠かせない車を購入すること、運転免許を取ること、家が決まったら家具を揃えること、電話、電気、ガス、水道の手配、携帯電話の購入などなど。

単純なホームステイの留学と違い、やるべきことはたくさんあります。

そこで頼りにするべきは、新宿の留学センターのAと提携している現地コーディネーターの存在です。

海外留学が快適なものになるかそうでないかは、現地のコーディネーターの良し悪しに負うところは非常に大きな要素です。

以前カナダの大学に留学経験のある友人から聞いた話ですが、後輩の日本人留学生の食事があまりにもお粗末で、ひどい時には夕食なのに茹でた大きめのジャガイモが、一つ、皿に乗っているだけの時があったそうです。

コーディネーターに相談しても全く埒が明かなかったので、先輩である友人に困って相談してきたという話でした。

その友人が、直接ホストファミリーに掛け合ったところ、

「それだけの費用しか貰っていない！」

と言い張るため、そんなはずはない、と具体的に金額などを示して交渉したがやっぱり変化がなかったそうです。

そこで友人の尽力でホストファミリーを変更したとのことでした。

その間その後輩を担当していたコーディネーターは、何もしてくれなかったそうです。

私たちがジオスに入学する日、一年前から紹介されていた現地コーディネーターの富田さんの案内で二人の入学の手続きを行いました。

手続きが終了し、その日は留学センターのAと提携しているもう一人の現地コーディネーターである上田由樹さんという方を紹介してもらいました。

この方はニューヨーク在住で、富田さんとの二人三脚で現地の学生をサポートしているとのことでした。

富田さんが言うには「学校に関するサポートは由樹さんが、生活面に関してのサポートは私、富田が行います」とのことでした。

ジオスが入っているモールのカフェテラスでコーヒーを飲みながら、今後の生活に関するいろんなアドバイスを受けましたが、二人のコーディネーターの話には首をかしげる箇所がいくつもあり困惑していました。

例えば、富田さん曰く、

「カリフォルニアは車社会だから車を購入してご自分で運転することになりますが、とにかくやたらぶつけられるので注意して下さい」

とか、由樹さん曰く、

「フリーウェイを毎日使うことになりますが、渋滞で時間が読めないことを覚悟していた方がいいです。自宅から学校までの送り迎えをすると通常は十七分くらいの片道でも、渋滞で三時間、四時間かかってしまうことは当たり前です。ひどい時には往復八時間かかることも覚悟していた方がいいですよ」

とか……。

私は二人の話を聞いていて頭の中が混乱してきて、どう解釈していいのか分からなくなってきました。

結論から言うと。三年近くカリフォルニアで毎日運転をしていましたが、モールの駐車場の中で、韓国人のおばさんが運転する前の車が後ろを確認せずいきなりバックしてきて、停止している私の車のフロントにゴツンと当てられたのと、無免許運転のメキシコ人の女の子に後ろから当てられたのと、二度事故にあいましたが、やたらぶつけられるということはありませんでした。

渋滞の件も、のちに借りた私たちの家から学校まで一年間毎日息子を送り迎えし、フリーウェイでほぼ十七分くらいの道のりで、何度か事故渋滞にあったこともありましたが、最長でも片道二十五分以上かかったことは一度もありませんでした。

「ひどい時には往復八時間かかることも覚悟していた方がいいですよ」

？？？

のちにジオスに入り親しくなった地元の教師からこんなことを聞きました。

「俺は長年ここで教師をやってきて、様々なコーディネーターと出会ったが、いい加減な仕事をするやつをさんざん見てきたよ」と……。

果たして我らのコーディネーターは如何に？

家を借りる

戸建ての家を借りるに当たり、富田さんから長年現地で不動産業を営んでいる青山さんという日本人の夫婦を紹介され、いくつか物件の内覧をすることとなりました。

オレンジカウンティ　アーヴァインの人工湖

青山さんご夫妻はとてもまじめで誠実な対応をして下さり、このご夫婦なら信頼できるなという感じでした。

地域としては陽介の学校がアナハイムで、そこへの入学まで通う語学学校がコスタメサという街なので、どちらにもアクセスがいい場所ということでオレンジカウンティのアーヴァインという街に絞りました。

アーヴァインはロサンゼルスとサンディエゴの中間にあり、広域的にはロサンゼルス都市圏に含まれます。

ロサンゼルスの街がそうであるように、砂漠の中にどんどん広がるように発展していった街で、一九六〇年代以来、主にアーヴァイン社によって開発された計画都市です。

一九七一年に元あった広大な農地に発足し、現在の計画都市になりました。現在は高等教育機関が充実していることと、低い犯罪発生率で知られる都市です。かつてＦＢＩの調査で、全米一安全な街に選ばれたことがあるくらいです。

街の中ほどには人工的に作った湖があり、それは、それはきれいな街です。

アーヴァインの中にはゲートコミュニティと呼ばれる街がいくつもあります。文字通り一つの街が高い塀に囲まれていて、いくつかある入り口には鉄のゲートがあり、住民は配布されたリモコンでゲートを開けて、コミュニティの中へ入ります。

住民以外の人は原則ゲートをくぐることができません。

そのゲートコミュニティの中には中心に周囲一キロくらいの公園があり、その中には住人が無料で利用できるプールもあります。この中で何軒かの家を内覧して一つの候補を決めました。

四ベッドルーム三バスルームで広いリビングダイニングがあり、フロントとバックにはそれぞれ三十から四十坪くらいの庭があり、何より公園に面しているためとても見晴らしがいい家で、家賃は日本円で年間四百二十万円ほどでした。

私も陽介もここが気に入ったので、早速青山さんご夫妻に契約してくれるよう進めてもらいました。

ところが話を進めていくうちにとんでもない事態が巻き起こりました。

通常アメリカでそうしているように、支払い能力を証明するための必要書類を提出し、一年間の家賃も前払いすることを条件で大家さんの中国人に話を進めてもらいました。

いざ申込書類を渡して契約する直前になって、家賃を突然年間五十万円ほど値上げしてきたのです。

それればかりか入居に当たっては通常一年分をまとめて入金するのが通例のところ、一年半分を前払いするように言ってきました。

私は青山さんと相談したところ「普通は無いことですが、チャイニーズのオーナーは時々こういう理不尽な要求をすることがあります」とのことでした。

私は、場所もいいしできれば生活の基盤となる居住地をできるだけ早く決めたいと思っていたので、よく考えた末条件をのむことにしました。

「その条件で構わないので話を進めて下さい」

とお願いしたところ、この客は条件をドンドン釣り上げてもすべてのむであろうと考えたのか、翌日になって、さらに家賃を年間二十万円値上げした上、入居に当たっては二年分を前払いするようにと条件を変更してきました。

私と青山さんはあきれてしまいましたが、これがアメリカで生活していく上での最初の試練なのかと思い、熟考の末「分かりました条件をすべてのみます」と青山さんに伝えたところ、さすがに青山さんの奥さんは、

「中し訳ないけどここはやめた方がいいと思います」と言ってくれました。

「今後生活していく上でも、家を解約する時でも、こんなオーナーさんでは何を言ってくるか分からないし、せっかく私たちが紹介した物件ならば、少しでも気持ちよく生活していただきたいので、私はお勧めしません」

とはっきり言ってくれたので、私はこの物件を断ることにしました。

のちに青山さんから聞いたのですが、こちらから断ると言ったとたんオーナーは、手のひらを返したように、家賃の初期支払いは一年分でいいとか、家賃の値上げ分は無しにするとか、挙句の果てには通常ガーデナー費用はオーナー持ちなのに、毎週ガーデナーを入れるから、などとわけの分からない条件を提示してきたそうです。

この物件は、はっきりとお断りして次の物件を探したところ、すぐ近くに台湾人がオーナーの同じくらいの物件を見つけました。

この家のオーナーはダニエル・チュー氏といって、私より四つ若いとてもやさしい方でした。

職業はエンジニアで、コツコツ働き購入した自宅に住み、子供が大学を卒業する頃には新しい家を購入したため、今まで住んでいた家をレンタルすることにしたのだそうです。

我々が見た時は、もう二週間ほどで他へ引越すことが決まっているというチャイニーズの家族が住んでいました。

ミスターチューはとても誠実で、駆け引きなど全くしない純粋な人でした。

前のテナントさんが出たあとで、改めて物件を見に行った時には、二階のトイレのヒビの入った便座を自ら新品と交換していました。

私は台湾にも香港にも北京や上海にもそれぞれ何回か行ったことがあります。中国と台湾の違いに関しては、政治的な要素を語る気は一切ありませんが、一つの中国を標榜する中国に対して、台湾人や香港人は大陸とは違うという自意識を持っているように感じます。

かつて台湾に行った時に、台湾人のツアーガイドが、

「私たちは台湾人であって中国人ではありません」

と言っていたのがとても印象的でした。

私の個人的な主観ですが、このあともカリフォルニアで三年近く生活することになりますが、台湾人と中国人の違いは歴然としているように感じました。

誤解を恐れずにあえて言いますが、台湾人は私たち日本人と極めて近い繊細なメンタリティを持っていますが、中国人は大陸人というおおよそ私たち日本人には理解できないタフなメンタリティを持っているように思います。


新しい住居はアーヴァインという町の11Washingtonという所に決まりました。

四ベッドルーム三バスルームで、かなり広めのリビングダイニングがあって、広いフロントヤード、バックヤードがあり、ガレージも二台分（屋根の無い外のスペースを入れると最大で四台駐車可）ありました。

アメリカは訴訟大国なので家を借りるに当たっても、後々トラブルにならないように何枚もの契約書を交わすことになります。

余談ですが、新居での生活に慣れてから、近くの公園の周囲をジョギングするようになりました。

最初に契約しようと思ったけど、結局断った例の中国人オーナーの家が気にかかったので、その家の前を通るたびに注意して見ていたのですが、そんな大家であるからその後半年経っても一年経っても空き家の状態でした。

それ以後はさすがに興味も無くなったので、チェックもしなかったためどうなったかは分かりませんが。

やっとの思いで家を決め、さあこれからの準備が大変です。

家具の購入

家の中でまず、最初に揃えなければならない物が、寝るためのベッド、食事を作るための炊事道具、テレビ、洗濯機、冷蔵庫などなど基本的な家電です。

そこで、生活の面を担当するという現地コーディネーターの富田さんにお願いして、家電量販店を案内してもらいました。

カリフォルニアの大きなモールには大抵BEST BUYという日本でいうところのヤマダデンキやビックカメラのような家電量販店があり、そこを案内してもらい、洗濯機、乾燥機、掃除機、テレビ、炊飯器、ビデオデッキ、などなど結構な量を購入しました。

会計の時に私がクレジットカードを差し出すと、担当の店員が、通訳をしていた富田さんに何かを言ったのですが、私には聞こえませんでした。

すると、横から富田さんが自分の会員証らしき物を出して、これにチャージしてくれというようなことを言っていました。

会計処理が済んで、私は富田さんに聞きました。

「日本の家電量販店にはポイントカードがあるが、これからもここを利用することが多くなるので、ポイントカードがあるなら作りたいんですけど」

「そうですねポイントカードはありますから作った方がいいですね」と。

ではお願いしますと言うと彼は、

「今日のポイントは私のカードにチャージしてしまったのですが」

といけしゃあしゃあと言うのでした。

私に何の断りもなく。

私は開いた口が塞がらなかったのですが、日本人の悪い癖で、あまり最初から揉めたくないと思い黙って頷くだけでした。

この人ほんとに我々のことを第一に考えているコーディネーターなのだろうか？　と疑問が湧いてきました。

次に、ベッドと、ＢＥＳＴ　ＢＵＹには気に入った物がなかったため冷蔵庫を購入しにＩＫＥＡ（イケア）に行きました。

ＩＫＥＡは日本にもあるので皆さんよくご存知だと思いますが、スウェーデン発祥の世界最大の家具メーカーです。

因みにアメリカではアイキアと発音します。

ここは以前に不動産屋さんの青山さんから聞いていて、下見もしていたので、富田さん抜きで自分たちだけで行きました。

二階の巨大な展示場の中のベッドコーナーでセミダブルのなかなかいいベッドを見つけました。

普通アメリカ人はその商品番号を控えて、一階の倉庫状のところに仕分けられた、組み立て前の状態で段ボール箱に入って積まれているそれを購入して、大きなピックアップトラックに詰め込み、家に持ち帰って自分で組み立てます。

しかし細かい部品が百個近くあるようなベッドだった上、二台組み立てるのは大変な労力なので、配達してもらい、かつ有料で組み立てもやってもらうことにしました。

また、下見で当たりをつけていた冷蔵庫とその他のダイニングテーブルと椅子のセット、勉強用の机、テレビ台、サイドボックスなどを購入して、大きな物以外は持ち帰り、自分たちで組み立てることにしました。

この間はホテル住まいを継続していたので、できるだけ早く家具類を揃えて引越せるように最短の配達を頼みました。

二日ほどして、ベッドと冷蔵庫の配達の日が来たので私たちは新居に行き、配送スタッフを待つことにしました。

時間から遅れること一時間ほどで玄関のチャイムが鳴りました。

出てみると、見るからに生意気そうな若いメキシコ人の男が、おとなしそうなこれまたメキシコ人と二人で大きなトラックで来ていました。

最初に家の中の設置場所を説明したのですが、大型の冷蔵庫を玄関先に降ろして次にベッドを二階の二部屋に運んで組み立て始めました。

私が「冷蔵庫は台所に運んでくれ」と言うと、床のフローリングを指さして彼は、

「床に傷をつける可能性があるから我々はここまでしか運べない」

と言い放ったのです。

設置まで完璧に行う日本では考えられないことですが、ここはアメリカだから、と自分に言い聞かせながら、息子と二人で運ぶことにしました。

百キロは優に超えるであろう大型冷蔵庫を、たとえ同じフロアだとしても十五歳の息子と二人で運ぶのはあまりにも酷です。

幸い彼らがトラックから玄関先まで運んできたキャリアを貸してくれと頼むと、使っていいとのことだったので、それを使ってなんとか運ぶことができました。

その後彼らは二階の二部屋に分かれてベッドを組み立てていたのですが、一時間ほどしてから降りてきて、なんと、

「部品が足りないので今日は組み立てられないから、明日また不足分を持って出直してくる」というのです。

私は一瞬何が起きたのか分からなかったのですが、

「部品が不足しているとはどういうことか！　完成品を販売しているんじゃないのか？」

と聞いたのですが、

とにかく、

「今日はこれ以上作業ができないから、明日必ず完成させる」

と言って、翌日十三時に約束をして帰ったのです。

私たちは仕方なくその日もホテルに泊まり、次の日の十三時前に自宅で待機していました。

この日は近くを通ったのでついでに寄ってみたとのことで、富田さんが同じ頃に自宅を訪ねてきました。

私は昨日の経緯を話して、彼らが今日十三時に来ることを告げると、

「じゃあ私も今日は時間があるのでお付き合いします」とのことで一緒に待っていると、十三時を過ぎても十四時を過ぎても来ないのです。

「いったいどうなっているのでしょう」

という私に対して、富田さんはアメリカ生活が長いため、

「これがアメリカですのでもう少し待ってみましょう」と言うのでした。

私たちはそれからさらに二時間ほど待ちましたが、彼らは一向に来る気配がありませんでした。

さすがにアメリカ生活に慣れている富田さんでも、これはおかしいということで、IKEAの関係部署に電話をかけて調べてもらうと、今日は行く予定はなく明日の十三時に行くとのことでした。

さすがの私も昨日の冷蔵庫の一件や、一連の横柄な態度にプッツンと切れてしまい、今日という約束は何だったのかと、ベッドが完成しなければ我々は家に泊まれずホテルに宿泊しなければならないことを富田さんから担当に激しい口調で言ってもらい、宿泊費を負担しろとまで言ってもらいました。

宿泊費を負担するはずがないことは分かっていますが、こんな時アメリカではどんな反応をするのかを確かめてみたかったのです。

相手のスタッフは、最後には、

「今度IKEAに来た時に使える割引クーポンを渡せるように責任者に掛け合ってみて、結果をあとで連絡する」ということで電話を切ったようでした。

「何せこれがアメリカですので、日本の感覚で考えるととてもじゃないけどやっていけません」

富田さんの言葉がしみじみと身に染みた瞬間でした。

翌日の十三時に家で待っていると、例のメキシコ人が二人でやってきました。

なぜ約束の昨日来なかったのかを聞いたら、彼は、昨日は他の場所で仕事があって来られなかったとしゃあしゃあと言ってのけました。

私は何時間も待ち続けていたことを伝えても、無反応で知らんふりをしているそいつに無性に腹が立ちました。

ちょうどその時状況を気にしていたのか、富田さんから電話が入ったので状況を説明すると、富田さんは結構なテンションで、

「昨日来なかったのは君たちの怠慢だと言って、料金に入っていない他の机やテーブルの組み立てもサービスですべてやれ！　と強い口調で言って下さい。君たちの上司には伝えて許可を取ってあるから、と強い口調で言わないと駄目です」と言ってきたので、私はその通りにそのメキシコ人に言いました。

そいつは途端に手のひらを返したように、

「I'm not a boss!」と何度も繰り返し、俺の判断で決められないと主張するばかりでした。

私は、富田さんに言われたように、さらに語気を強めて言ったところ、そのメキシコ人は怒って帰ろうとして車に乗って走り出してしまいました。

あれれ？　こんなはずじゃあなかったのに！

欧米人の生活の中には、日本のようにワビサビや忖度など、感覚的に相手の怒り具合を慮るというような文化は無いので、

「自己主張ははっきりと喧嘩腰なくらいにした方がいいです」と、富田さんに言われた通りに言ったのに。

「富田さん話が違うじゃない！」と心の中で叫びながら、走り始めた車の前になんとか回り込み、彼らを止めて言いました。

「OK! OK!（分かった、分かった）君の言う通りベッドの組み立てだけをやればいいから作業にかかってくれ」と。

この頃から富田さんの言っていることがどうも当てにならないなぁという疑念が起こり始めました。

やっとのことでベッドが組み立て上がり、寝具一式をターゲットという日本でいうダイエーやイオンのような大型のスーパーマーケットで購入して、その日から寝る態勢が整いました。

その他の家具の組み立ては、とりあえず段ボールから中身を出して、毎日少しずつや

ることにしました。

ゴミとして出た大量の段ボールをどう処理したらいいかと富田さんに電話で相談すると、ターゲットで買った洗濯機と乾燥機を設置に来た人間に、

「これも持ち帰るように言えば持って行ってくれますよ」との回答でした。

衣食住の基本が揃った段階で、ホテルを出て新居に移りました。

新居に移った翌日洗濯機と乾燥機が配達されてきました。

借りた家はオーナーや前の住人もそうであったように、日本式の土足厳禁でしたが、洗濯機と乾燥機を配達設置にきたアメリカ人には関係無いようで、家に入る時に靴を脱いでくれと言うと、

「怪我をする可能性があるため配達設置時に靴は脱げない」と言ってきました。

ではせめて靴につけるカバーくらい持参してきてくれと思いましたが、せっかく掃除をしてきれいにしたのにとの私の思いを踏みにじるかのように、ずかずかと土足で仕事をし始めました。

これも文化の違いで仕方のないことだと思い、あとでまた掃除をすればいいや、とあきらめることにしました。

設置が終わって彼らが帰る時に、富田さんから言われたように、たくさん積んであった段ボールを示して、

「この段ボールも持って帰って処理してくれないか」と言ったところ、配達の二人は私を見て半ば馬鹿にしたような嘲笑を浮かべながら、二人揃って右手の人差し指を立てて横に振りながら「No!」と一言言ってその場を立ち去りました。

「アレー！　話が違うじゃん！」

いよいよ富田さんの言うことが全く当てにならないと思い始めてきたのでした。

車の購入

次に、いつまでもレンタカーを乗り回しているわけにもいかないので、車を購入することにしました。

カリフォルニアには言うまでもなく日本車のディーラーがたくさんありますが、生活面のコーディネーターの富田さんの紹介で家から二十分くらいかかるところにあるAuto nation Toyota Irvineというトヨタのディーラーを紹介してもらい、ここで車を購入することとなったのです。

でもあとになって分かったのですが、もっと近いTustin Toyotaが家から五分くらいの場所にありました。

いったい彼は何の情報で私にわざわざ遠いディーラーを紹介したのでしょうか？

富田さんの紹介のディーラーで見つけたのが、アバロン（AVALON）という高級車で、日本でいえばクラウンに当たる車種でした。

アバロンとはケルト伝説に登場する楽園の島の意味なのですが、南カリフォルニアの沖合わずか三十五キロメートルにあるチャンネル諸島のサンタカタリナ島で唯一の都市であるアバロンと関連があるのかは不明です。

アメリカで車を購入するのは、コンビニでチョコレートを購入するのとさほど変わらず、基本的な情報を伝えてチェック（小切手）による支払いが完了したらその日に持って（乗って）帰ることができます。

さすが自動車大国のアメリカです。

少し話はそれますが、私は海外旅行をした時に、値の張るお土産などを購入する場合必ずと言っていいほど値切るようにしています。

かつて仕事で韓国のソウルに行った時に宝石店に展示してあった、百万円の値札が付いたアメジストドームのオブジェを一時間ほどの交渉時間をかけて、とうとう半額の五十万円で購入したことがあります。お店の担当者は泣き顔で渋々了解していました。

北京でヒスイの白菜の彫り物を買った時もそうでしたが、私の、店員さんとの交渉をじっと見ていた現地人ガイドの女性が、感心して、

「あなたの交渉術はまるで中国人のようですね」と言っていたくらいです。

話はトヨタのディーラーに戻りますが、当然アバロンを購入する時にもその交渉術をいかんなく発揮し、結構な金額を値引きしてもらった上、テンポラリーのインシュランスを付けてもらうことにしました。

つまり、その場で購入した車に乗って帰るわけですから、途中で何かあってはいけないので、一か月間有効の**一時的な保険**も付けてもらい、それの有効期間内に自分の知っている保険会社で長期の保険を契約するということになります。

すべてが順調に進んでいった時、担当の人が、

「私は用事があるため今日はこれで失礼するので担当を引き継ぎます」

と言って違うスタッフに残りの作業をしてもらうことになりました。

ところが、手続きが完了して、最後にインシュランスのことになった時に、クレジットカードを出してくれという話が出てきました。

一時的なインシュランスまで含めた価格での契約になっているはずだからそれは御社持ちだろうということを言ったのですが、一時的にあなたが支払いをして、その後一週間以内にチェックがあなた宛てに郵送され、返金が完了するという内容でした。

私はいまいち、納得をしなかったのですが、どんなに粘ってもその形しかテンポラリーのインシュランスを付ける方法は無いとの説明だったので、渋々承知をしてクレジットカードを出しました。

これが後々面倒なことになるとはつゆ知らず……。

手続きが終了し、当日乗って行ったレンタカーを返却して、購入したアバロンに乗って帰るわけですが、アメリカはほんとに車社会だなと感心したのは、そのトヨタの

ディーラーの近くにＨｅｒｔｚレンタカーの支店があって、そこで返却ができるとのことだったので、ディーラーの人にアバロンで一緒に来てもらい、返却のあと、その人をディーラーまで送って帰路につきました。

その後一か月も経たないうちに日本でいう陸運局からナンバープレートが自宅に届き、それを自分で取り付けました。

しかし一週間ほどで届くと言っていたテンポラリーのインシュランス費用のチェックは、一か月を過ぎても届きませんでした。

一か月が過ぎても届く気配が無いため、返金のチェックはどうなっているのかを確認しようと私はトヨタのディーラーに出向きました。

日本とアメリカの商習慣や人間性の違いは歴然としていて、日本の自動車ディーラーに入ると、絶えず入り口に気を配っている人がいて、当たり前のように「いらっしゃいませ」と側に寄ってきて最高のおもてなしをしてくれます。

経験の長い従業員であれば、お客の立ち居振る舞いや服装を見ただけで、この人はどれくらいの生活レベルの人でどんな車を購入するかが、概ね理解できるようですが、アメリカは全く違います。

受付の女性に用件を伝えると、十メートルほど前を歩いている男に突然声をかけて、彼が対応してくれると言いました。

その彼は、一九〇センチ一二〇キロはあろうかと思う白人の大男で、ホワイトシャツにネクタイのいでたちで、出っ張ったおなかにズボンをぶら下げているような風貌の男でした。

その彼はいかにも食べることが好きという感じで、その時も私の話を聞きながら、手にしたスニッカーズのようなチョコバーの袋を歯で破りながら食べていました。

私は用件を伝えたのですが、契約時の担当の人はすでにここから他の州に転勤になったとのことでした。

アメリカ人は自分が関わっていないトラブルに関しては一切関知しないようで、彼は
「私は分からない」

の一点張りで、全く埒が明かなかったので、私は打ちひしがれるように帰宅しました。

世界のトヨタの名誉のために言っておきますが、そのあと家に帰った私は、インター

ネットでTOYOTA USA customer serviceを調べて、直接電話をしました。

その時、電話での難しい話に対応するために、私は最初に出た人に、「Japanese interpreter, please.」と思わず言ったところ、「Please take a minute.」との返事のあと、数分ほどで日本語の通訳サービスを介して無事に内容を伝えることができたのでした。

数日後に私が負担した金額のチェックを受け取ることができました。

〝さすがは世界のトヨタ〟のCS（Customer Satisfaction）を感じたのと同時に、何事もあきらめては駄目だなと改めて思った瞬間でした。

語学学校入学

世界の中で日本人ほど英語を学ぶことに必要性を感じながらも、苦労をしている人々はいないのではないでしょうか。

最近は社内公用語を英語にする会社も増えてきているようです。

学習指導要領の施行により二〇二〇年度から小学校でも英語が本格的に教えられるようになりました。

これからますます英語が必要とされる時代が来ています。

私の周りにも、都内の一流といわれる国公立大学や私立大学を卒業したにもかかわらず、ほとんど英会話ができない人がなんと多いことか。

英会話でジョークの一つを言うのはおろか、その基本となる会話すらできない人が圧倒的に多いのです。

私は高卒ですが、英語を独学で勉強していたため、海外旅行に行っても日常会話には全く不自由しませんでした。

おかげで海外旅行が大好きになってしまい、今までに世界の四十五か国以上の国と地域を訪ねました。

でも今の日本人はその日常会話すらままならないという方が圧倒的多数でしょう。

なぜ日本人は英語が苦手なのかをちょっと考えてみました。

まず理由の一つは、詰め込み式の英語教育の弊害だといわれています。

英語の勉強にはご存知のように、読む、書く、聞く、話す、の四つの要素があります。

日本の英語教育は、受験対策のため、文法や読む、書くに重点を置きすぎていて、授業ではほとんど会話の練習をしないのです。

会話が一番大切なのにもかかわらず。

そして日本人の几帳面な気質のせいなのか、完璧な文法の会話をしないと恥ずかしいとの思いから、間違いが怖くて話せる会話も話せなくなってしまっている人も多いようです。


日本人と英語について笑い話のような話がたくさんありますが、いくつかをご紹介します。


街を歩いていた男性が道を聞こうとしていた外国人に英語で話しかけられた時に、「I'm sorry, I can't speak English.」と完璧な英語で言ったところ、その外国人は目をパチクリしていたそうです。

話せるじゃあないの……。

また同じように道を歩いていたある女性が、外国人から「すみません」と日本語で話しかけられたにもかかわらず、顔を見たとたんに自分の顔の前で手のひらを振りながら、「ノーノーノー」と言ってその場から逃げ去るようにいなくなったそうです。

日本語なのに……。

多くの日本人は白人コンプレックスなのかシャイなのか分かりませんが、外国人を見ると真っ先に駄目だ、通じないとの先入観を持ち、話そうともしないようです。

日本人が英語習得で最も苦労する問題は発音と文法ですが、そもそも日本にはカタカナ英語があまりにも氾濫していて、それが通じると思い込み、実際に使ってみると全く意味が通じなくて愕然としてしまった話はよく聞きます。

いわゆる和製英語です。

例を挙げると、車のオープンカーは英語ではconvertible
ベビーカーはネイティブが baby carと聞いたら「赤ちゃんが運転する車」を想像すると思います。正しくは strollerか baby carriageです。

クーラーはair conditioner
ワイシャツwhite shirt はただ「白い色のシャツ」という意味です。

日本語のワイシャツと同じ意味の英語は dress shirt です。

ガードマンは（security）guard

アルバイトはpart-time（job）

カンニングはcheating
レベルアップlevel upでも一応通じると思うけどおかしいです。

get betterかimproveなどなど。

次に、日本人が英語の発音で最も苦労するのが、THサウンドと、LとRの区別です。

そもそも日本語の発音にはTHサウンドというのはありません。

the, this, that, these, those, they, them, though, thank などなど英語の中でTHサウンドは数多く出現します。よくいわれるのは、舌を上下の歯の間に挟んで、あるいは上の歯の裏側に当てて発音するなど指導をされますが、そもそも日本語には無い発音なので、かなり意識して練習しないとなかなか習得できません。

日本語で書くと、ザ、ジス、ザット、ジーズ、ゾーズとなりますが、英語の発音風に書くと、ダ、ディス、ダット、ディーズ、ドーズのような感じになります。

そもそもそんな発音が日本語の中に無いのですから、苦労するわけですね。

また、LとR、VとBの発音は日本人が最も苦手とするものです。

日本語はLもRも同じように区別なく発音します。英語ではLは日本語のらりるれろとほぼ同じで通じますが、厄介なのはRです。

これは舌を上あごにも上の歯の裏にも付けずに、口の奥に引くように丸めて発音します。

したがって、LとRを混同してしまったが故の笑い話のような例がたくさんあります。

"Do Americans often eat rice?"

これは、(アメリカ人はお米をよく食べますか?)

と聞いているわけですが、Rの発音ができないために、日本語的にライスと言ってしまったが故の悲劇です。

"Do Americans often eat lice?"(アメリカ人はよく虱［シラミ］を食べますか?)

さらにはI love fries.
(私は揚げ物が大好きです)と言いたいところを、
I love fly.と言ってしまうと、
(私はハエが大好きです)となってしまいます。

逆にRの言い方を意識しすぎたために、LまでRのように発音し、とんでもない間違いをしてしまった例を次に挙げます。
LOVEをR風に発音してしまい、かつVもBのような発音になると、Rubになります。
すると、レイ・チャールズの、
『I Can't Stop Loving You.』（愛さずにいられない）は、
I Can't Stop Rubbing You.（君をこすらずにいられない）となり、
ビートルズの、
『All You Need Is Love.』（愛こそすべて）も、
All You Need Is Rub.となると、（摩擦こそすべて）となってしまいます。
エルビス・プレスリーの、
『Love Me Tender.』（優しく愛して）は、
Rub Me Tender.（優しく擦って）に。
トム・ジョーンズの、
『Love Me Tonight.』（今夜は愛して）は、
Rub Me Tonight.（今夜は……）。

これ以上は何かと支障があるため、このくらいでやめておきます。

とにかく英語の発音に関してはかなりのトレーニングが必要のようです。英語教育の最初に発音の勉強をしなければ、後々かなり苦労をすることになります。

考えてみれば私たちはどうやって日本語を習得したのか。

赤ちゃんの頃お母さんやお父さん、はたまたお爺ちゃんお婆ちゃん、兄弟たちと会話をしながら少しずつ上達してきたわけですから、英語も当然そうするべきなのですが。

アジアの中で中国人は比較的英語の習得が早いと言いますが、その理由は、中国語は日本語よりも語順や文法構造が英語に似ているからだそうです。

英語の文法は基本的にSVOCで、S（subject 主語）・V（verb 動詞）・O（object 目的語）・C（complement 補語）となります。

I am studying English every day.
S　V　O　C
これが中国語では「我在學英語毎天都」となり、
S　V　O　C
日本語では「私は毎日英語を勉強しています」となります。
S　C　O　V
つまり日本語と英語では語順の倒置が頻発するため、日本語の言語感覚で英語を使いこなすことは容易でなく、日本人は「英語脳」といって言語感覚から身につけ直すことを強いられますが、中国語の場合は言語感覚を概ね英語に適用できそうです。

また、発音に関しても、中国語は母音だけで三十以上の種類があり、英語よりも発音の数は豊富ですが、日本語の母音は、あいうえおの五種類だけで、英語を学ぶには新たな発音を身につける練習も必要になるからです。

私たちは陽介の学校が始まる八月までの間、少しでも英語のレベルを上げようと、民間の語学学校に通うことにしました。

♫英会話のジオス♬

一定の年齢以上の方にとっては懐かしいコマーシャルだと思いますが、オレンジカウンティのコスタメサという地区に語学学校のジオスがありました。

かつては日本でも幅を利かせていた語学学校ですが、この時点ではすでに外国資本に代わっていました。

カリフォルニアにあって英語の語学学校としてはかなり成功していて、ヨーロッパやアジア、南米から大勢の留学生が来て英語を学んでいました。

特に中東のサウジアラビアからの短期留学生が目立ちました。

クラスはレベル一から六までの六段階の基本クラスからなっており、他に、文法、発音、ライティングなどのクラスがあります。

ここでもかつての短期留学の時と一緒で、プレースメントテストを行い、クラス分けをしますが、陽介と私はほぼ同じくらいの成績結果だったため、陽介はレベル二、またしても私が少々無理をして同じクラスにならないようにレベル三のクラスにしました。

クラスには日本人生徒が数名いて、たいていは日本の大学に二～三年通っていたが、アメリカの大学に留学を希望している二十代前半の生徒たちでした。

それに加えてヨーロッパや南米、アジアの人たちと、サウジアラビア人がいて、トータルで十人くらいのクラスでした。

多国籍の人種が集まり一つのクラスを作ると、お国柄がはっきりと反映されるものです。

ジオスには、授業開始時間から十五分を過ぎると入室ができないというルールがありました。

日本人ならそんなルールにこだわらず、始業時間の五分から十分前に教室に入って席について準備をしているのが普通ですが「十五分を過ぎると入室ができない」というルールは、「十五分は遅れてきてもいい」と考えるお国柄もあるようで、日本人とヨーロッパ人以外のほとんどの生徒は授業が始まって数分後、もしくは十五分過ぎるぎりぎりで入室するのが常でした。

同じアジア人でも日本人以外はたいてい時間にルーズなのには驚きました。

先生は概ね十人ほどで、基本のクラスは固定で、その他のクラスは様々な先生が受け持つ感じでした。

ここのモールは近代的なビルディングなのに、エアコンがセントラルヒーティングシステムで個々の部屋では調整ができず、部屋の中は常に冷蔵庫のように寒く、我々は場所がカリフォルニアであるにもかかわらず、常にブルゾンや厚手のパーカーを着て授業を受けていました。

春休みや夏休みなどまとまった休みの時には、小学生や中高生の集団が一週間くらいの短期留学生として入学してくることも多かったのですが、外との温度差が激しいために、暑いカリフォルニアをイメージしてやってきた人たちは、ほとんど三～四日目には風邪をひいて鼻水をすすりながら授業に出る有様でした。

サウジアラビアから来ていた生徒は多く、彼らは金曜日の午後になると必ず授業を欠席していました。

ムスリムにとって毎日のお祈りはとても大切であり、毎日五回お祈りをしますが、さらに金曜日（ジュマァ）は特別な意味を持っていて、金曜日の正午に集団礼拝をするそうです。したがって金曜日の午後はみな授業に出ません。

なぜ金曜日なのかを尋ねると「コーランに書かれているから」との回答でした。

先生も宗教上のことには理解を示していて、サウジアラビアの生徒が金曜日の午後教室にいないことには違和感は持っていませんでした。

ジオスの教師たち

ここジオスの教師は個性的な人が多く、皆それぞれ独特のバックボーンを持ち、たまたま今はここで教師をやっている、という人たちでした。

通称ショーター・ジョンことジョンは、イタリアとプエルトリコのハーフで身長は一六〇センチくらいで、がっしりとした体形が物語るように、カリフォルニア大学バークレー校で野球をやっていたことを誇りとしていて、ハロウィンの時には必ず擦り切れてヨレヨレになった当時のユニホーム姿でバットを振っていました。

たまたま大学時代の試合で活躍した記事が新聞に載った際、全く別の記事にマイケル・ジャクソンが特集されていたため、その新聞を宝物のようにいつも持ち歩いていて、

「俺は昔マイケル・ジャクソンと同じ新聞に載ったことがあるんだ！」

と虚しい自慢を豪快にしていたものでした。

ジョンの奥さんは元ジオスに留学していた日本人の生徒で、この時は結婚を前提に同棲中でした。

ジオスの教師や留学生の仲間たちと

近々日本から彼女の両親がカリフォルニアに来るため、結婚したい旨の報告をしなければならないと、結構ナーバスになっていました。

昼食の休憩時間に日本人の年端もいかない十九歳、二十歳そこその生徒に、こういう時は日本ではどう言ったらいいのか、など様々なアドバイスを求めていました。

私はそれを見ていて、結婚はおろか、彼女もまだいないような日本人の若者に聞くより、

「なんでワシに聞かんのや！」

と思ったのでした。

授業中の彼の言葉で一番記憶に残ったのは、

「長年アメリカに住んでいて頻繁に肉を食べていると、なぜかいつの間にか筋骨隆々になってしまう」との言葉でした。

彼は英語教師として日本や韓国でもそれぞれ何年か生活した経験があり、その頃と比べるとアメリカでは牛肉、豚肉、鶏肉などはスーパーで非常に安く販売されているため、圧倒的に肉を多く食べるのだが、その肉が、

「成長過程で成長ホルモン剤が入った餌を食べているせいだ」

と言っていたのが妙に説得力をもって伝わってきました。

ただし、ことの真偽は分かりません。


ジョンという教師は二名いて、彼がショーター・ジョンと言われていたのは、もう一人のジョンが百八十五センチくらいあったからなのです。

もう一人のジョンは通称ツアー・ジョンといって、教師の仕事の傍ら個人レベルのスモール旅行代理店をやっていました。

ラスベガスや、グランドキャニオン一泊ツアー、サンディエゴ市内観光などなど、ジオスの休校日の土日祝日などに彼の自家用車を使って観光案内を行っていました。

生徒は勿論のこと、ジオスもバラエティに富んだアクティビティを学校側で用意している形になるため、大いに重宝しているようでした。

小まめにいろいろなツアーを企画しているために、そのツアーによる副収入は結構な額のようだったので、他の教師たちからは羨望の眼差しで見られていました。

私たちはラスベガスツアー、グランドキャニオンツアー、サンディエゴ観光と三度ほどジョンのツアーを利用しましたが、いずれもリーズナブル（納得のゆく費用対効果）な内容のツアーでした。

ラスベガス一泊ツアーを申し込んだ時に、泊まるホテル名を確認するとツアー・ジョンから「ＴＥＲＲＩＢＬＥ　ＨＯＴＥＬ！」という回答が返ってきました。

直訳すると**酷いホテル**という意味ですが、

「どんな風に酷いホテルなのか？」

と聞くと、ジョンは、

「実はホテルの名前がＴＥＲＲＩＢＬＥ ＨＯＴＥＬというのだ」と言うのです。

私はどうせアメリカ人特有のジョークだろうと思ってそんな名前のホテルが実際にあるわけがないと信じませんでした。

ラスベガスツアー

グランドキャニオンツアー

ツアー当日ホテルに到着すると、なんとそのホテルの名前は本当にTerrible's Hotel&Casinoでした。

ラスベガスは過去に二度ほど訪れていますが、場所柄ボクシングのビッグイベントを行うMGMグランドホテルとか、噴水のショーが見事なホテルベラージオなどのマンモスホテルが数多くある中で、ここTerrible's Hotel&Casinoは特にひどいわけでもなく、一階にカジノを構えたごく普通の小さめのホテルでした。

砂漠に作られた唯一無二の不夜城ラスベガスは、いつ訪れてもエネルギーに満ち溢れた街で、煌めくネオンサインの下に人間の欲望のすべてを満たすものが用意されていて、それらのすべては成功という裏付けのみをベースに成り立っている不思議な街です。

初日の日程を終えて宿泊し、翌日の朝食は時間を決めてジョン達と一緒にレストランに集合しました。

朝食会場のレストランは、こじんまりとしたホテルの割にはかなり広く感じたのでし

た。私がジョンに、

「このレストランは思いのほか広いね、あそこの奥なんか随分奥行きがあるんじゃない！」

と言うと、ツアー・ジョンは目をぱちくりした後で、冷静な顔をして一言言ったのです。

「That's a reflection.」（あれは反射）

「えっ！」

思わず私の口を突いて出た声でした。

目の悪い私が奥行きと思っていたのは、壁一面に張り巡らされていた鏡の反射だったのでした。

道理でホテルの規模の割に広すぎる感じがしたと思ったのでした。

その後ジョンが冷ややかな言い回しで私に行ったのでした。

「Don't go there.」（あっちへは行かないようにね！）

私たちはのちにサンディエゴツアーにも行ったのですが、その時に、とあるパン屋さんでツアー・ジョンがこだわりのパンを買っていたのでそれは何かと聞いたら、小麦アレルギーの人用のグルテンフリーのパンだとの回答でした。

なんとツアー・ジョンが小麦アレルギーだったなんて。


教師のロバートは私より一つ年下ですが、身長は百八十五センチほどでやせ型で、薄くなった髪をオールバックにし、眼鏡をかけたいかにもアメリカ人というタイプの人です。

若い頃から東洋にあこがれを持っていて、日本にも英語教師として訪れた経験があり、タヒチにも長く住んでいて、奥さんはタヒチアンだそうです。

二人の息子は当然白人とタヒチアンのハーフで、現在は二人ともハワイに住んでいるとのことでした。

ジオスの始業時間は九時ですが、我々はいつも八時十五分頃にはジオスの入っているモールに到着していて、朝早くからオープンしているカフェでコーヒーを飲みながら教科書を広げて予習をしていました。

始業時間十分前になると建物の一階のトイレに行ってから三階の教室に入るのがルーティーンでした。

一階のトイレに行くといつもロバートがいて、洗面所で、水道の水を出しっぱなしで歯磨きと洗顔をし、ヘアーを整えていました。

いつか時間を計ってみたら、十五分ほどかけて身支度をしていました。

家ですると水道代がかかるので、それを節約するためにジオスに来てやっているのだということは分かりましたが、それにしても日本人の節水という観点からすると、全く無意味に出しっぱなしの水道でまさに毛づくろいをしている姿は、いくら大量生産、大量消費の国であってもいたたまれない感覚に襲われました。

ロバートに関する逸話はたくさんあって、授業中にホワイトマーカーが書けなくなると、いきなり教室の隅っこに向かって投げつけたり、授業中にスナックを食べ始めた生徒に対して、

「授業中は食べることは禁止だ」

と言ったと思ったら、週末の金曜日には手抜きをして映画鑑賞の時間と称して、視聴覚教室で照明を落とし、家から持ってきたＤＶＤを流し、生徒に視聴させ、自分はロサンゼルス・エンジェルスのキャップをかぶってポテトチップスを食べまくっていたり、朝一の授業に十四分遅れで教室に入ってきたサウジアラビアの生徒に対し、

「八時四十五分頃、下で会ったよな！」と話しかけ、

「会ったね」との答えに対し、

「なんで八時四十五分にこのモールに来ていたのに、教室には遅れてきたんだい？」と聞き返し、

「十五分までに入ればいいことになっているんじゃないの？」と答えると、

「俺のポリシーとして早く来ていたにもかかわらず、遅れて教室に入ることは認められないから出て行ってくれ！」

と言って追い出してしまったり、とにかく偏屈爺さんといった感じでした。

ただロバートもご多分に漏れず、日本に英語教師として来ていた期間が長かったらしく、日本の文化には造詣が深く、葛飾北斎や日本の歴代総理大臣のことをよく知っていました。

ロバートの授業で一番笑ったのは、スピーキングの授業で、

「皆さんは世界中のいろんな国からここカリフォルニアに来ているわけだが、アメリカ以外にもいろんな国に行ったと思います。ダイ、君は何か国くらい行ったのかな？」

と、私に聞いてきたので私は、

「今までに四十三か国（この時点で）を訪問しました」と答えると、「一番好きな場所は？」と聞いてきたので、私は、

「イタリアのベニスが私の一番好きなところです」と答えました。

その後何人かに同じ質問をしたあとで、中東から来ていたカリーという生徒に「一番好きな場所は？」と同じ質問をしました。

カリーは答えました。

「My room.」

意表を突かれたロバートは、不思議な顔をして、

「Your room? Why?」と眼鏡の奥の目を点にしながら尋ねました。

するとこのやり取りを聞いていたアンゴラから来た黒人のエデルソンが、間髪を入れず、

「はっはっははははははは」と大笑いをしたのです。

我々はカリーの口から、彼が訪問した国とか、国内にしてもそれなりのフェイバリープレイスが出てくるのを期待していたのですが、力なく弱弱しく答えたその「My room.」という音に教室の全員が大爆笑をしたのでした。

そのあと彼は、笑われていることが不本意だったようで、それを打ち消す勢いで「私の部屋はとっても気持ちが落ち着くところです。好きな音楽をかけると、とてもリラックスできるし、壁紙もソファーもとても落ち着きます」と答えたのですが、何せ、「My room.」の弱々しい響きが全員の耳に残って、しばらくは収拾がつかない状態でした。

同じクラスの台湾人のアニーという女子生徒は「My room.」の弱々しい響きがとっても気に入ったみたいで、他のクラスの台湾人の生徒にそのシチュエーションを話して大爆笑を誘っていました。

教師のブラッドは、百九十センチはあろうかと思うほどの長身のドイツ系アメリカ人で、いつもブルージーンズとドレスシャツ姿で、彼女の手作りのお弁当持参で出勤していました。

見るからにドイツ人といった風貌とは正反対の、とてもおとなしく控えめな先生でした。

週末には決まって授業の終わりに、手作りのクッキーを生徒にふるまうというとてもフェミニンな性格の先生でした。

婚約中の彼女との二人暮らしはとても質素で、電気、ガス、水道料金がそれぞれ月に二十五ドルを出たことがないと言っていました。

いくら公共料金が日本より安いアメリカといえども、日本円で、二千五百円前後で電気や、ガス、水道料金をそれぞれ納めるというのは、余程質素な生活をしているのだということは分かりますが、ソファーを買うのがもったいないので、部屋の中にハンモックを吊ってそれに横になりながらＴＶを見ていると言っていました。

自分で自分のことを「Crazy teacher!」とよく言っていたのが印象的でした。

翌年の春先に突然同棲中の彼女と結婚をしてイギリスに移住することになったと発表をして、みんなを驚かしたブラッドに、結婚の記念にＡｍａｚｏｎ・ｃｏｍで購入したロイヤルコペンハーゲンのイヤープレートをプレゼントすると、えも言われぬ笑顔で感謝されたのでした。

その他個性的な教師がいろいろいましたが、すべてを紹介するわけにはいかないのでこれくらいにしておきます。

ハロウィン（Halloween）

ハロウィンは、十月三十一日にキリスト教の諸聖人に祈りを捧げる祝日「万聖節」の前夜祭として行われる、古代ケルト人が起源と考えられているヨーロッパ発祥のお祭りです。秋の収穫をお祝いし、先祖の霊をお迎えすると共に、悪霊を追い払うお祭りで、日本でいえばお盆に当たる行事になります。

現代では特にアメリカ合衆国で民間行事として定着しています。

ハロウィンになると先祖の霊と一緒に悪霊もやってきて、人間たちにいたずらをするため、悪霊を怖がらせて追い払う目的で魔女、ドラキュラ、ガイコツ、フランケンシュタインといった怪物や怖いものに仮装します。

モンスターや魔女に扮した子供たちが街を練り歩き、

「トリック・オア・トリート」（お菓子をくれなきゃ、いたずらしちゃうぞ！）

と玄関先で声をかけてお菓子をねだる風景が名物で、大人たちは、

「ハッピーハロウィン！」

と答えて、お菓子を渡すのがルールとなっています。

カボチャをくり抜いて作るジャック・オー・ランタン

語学学校のジオスでは、各クラスにカボチャが一つずつ配られ、ナイフで各々自由にジャック・オー・ランタンを作り、品評会をやります。

多くの先生も生徒もこの日は各々好きな風に仮装をして楽しみます。


日本にも似たような習慣があって、私が小中学生の頃、北海道では、七夕の時期に（北海道の七夕は八月七日）近所の仲のいい子供たちが集まって五～六人のグループを作り、家々を回って、

「♫ローソク出せよ、出さないとカッチャクぞ（引っ掻くぞ）、おまけに食いつくぞ～♬」

と合唱しながら当時はどこの家にも大体は置いていたローソクを集めて回ったものでした。

たまにローソクを切らしている家では、代わり

にお菓子をくれたり、一人当たり十円くれたりすることがあり、子供にとっては大変な喜びでした。

最近ではハロウィンの日になると東京・渋谷に仮装した若者が集結し、一部の心ない連中が酔って車をひっくり返したり、様々なトラブルを起こしたりすることがニュースになりますが、西洋では誰もそんな恥ずかしいことはしません。

最初の年のハロウィンは、それは、それは忙しいことになってしまいました。

うちは一軒家をレンタルしていたため、日が落ちて夕食をとっていると、玄関の呼び鈴が鳴ります。

出ると七~八人の子供たちが玄関先で、

「トリック・オア・トリート」の大合唱です。

たくさんの子供たちが訪問することを想定して相当な数のお菓子を用意していました。

お菓子の中にカンロ飴を混ぜていて、日本のソイソースキャンディだというと、そのコミュニティ内では日本人は珍しかったのか、みんな大喜びで受け取っていました。

第一陣が帰って夕飯の続きをしていると、第二陣、第三陣、第四陣……。

次から次へと来るわ、来るわ、もう夕飯どころではなくなってしまいました。

中には子供に交じって明らかに成人と思われるような図体のでかい男が、「トリック・オア・トリート」と言ってお菓子をもらっているのを見て愕然としてしまいました。

「こんなのありですか？」

言葉を飲み込んだのは言うまでもありません。

この日の夕食は三時間以上かけてようやく食べ終わりました。

楽しい？　喧騒は二十二時頃まで続きました。

因みにキリスト教徒ではない私は、これに懲りて、翌年からハロウィンの日は夕方からいち早く外食に出かけて、あらかた落ち着いた深夜近くに帰宅をすることにしました。

運転免許証

リウジアラビアとアメリカはとても友好な関係にあり、留学生には様々な恩恵があります。

例えば我々日本人がアメリカに長期滞在する時に車を運転しようとしたら、日本で一年間有効の国際免許証を取って持参するか、カリフォルニアの免許証を取るかしかありません（と思っていました）が、サウジアラビア人は自国で取得した免許証があればそれだけで運転ができるそうです。

私はそれを聞いた時に、なぜ日本もそうなっていないのだろうと思ったのですが……。

しかし、日本人観光客が多いハワイ、グアム、サイパン、そしてスイス等、一部の国では、便宜を図るための処置で国際運転免許証が無くても、自国で取得した免許証で運転が可能となっています。

日本人観光客が多く、レンタカーなどを利用する機会の多いハワイでは、入国後一年以内に限り、日本の自動車運転免許証だけで運転できるとされています。

一方、カリフォルニア州では、国際運転免許証（ＩＤＰ）を有効な運転免許証としておらず、居住国で発行された運転免許証が必要とされています。

つまり、国際運転免許証は免許証の翻訳にすぎないので、日本の免許証を所持していれば運転できるのでした。

ただし何かの事情（一般的には交通違反を起こした場合など）で、運転免許証の提示を求められた場合には、カリフォルニア州の警察官が日本の運転免許証を「有効な運転免許証」としてすぐに認めることはほとんどないと思います（なぜなら日本語が読めないから）。

DMV（Department of Motor Vehicles　という日本の運転免許試験場のような場所です）のウェブサイトにも「国際免許証は運転免許証の翻訳である」と記載されていますので、お持ちの運転免許証が有効なものであることを証明する方法として、国際免許証を提示することは非常に有効だと思います。

なお州法により外国で発行された運転免許証での運転は最終入国日から六十日以内（最大九十日）となっています。この期間を過ぎるとアメリカで発行された免許証以外は無効です（国外免許証の有効期間があっても）。したがって観光や短期の商用で訪れる場合を除き、カリフォルニア州に居住をする長期滞在者は、速やかに州が発行する免許証を取得しなければなりません。

この詳細を知ったのは帰国してからでした。

私はとにかく日本の免許証に加えて国際免許証を持参し、可及的速やかにカリフォルニア州の運転免許証を取ることにしました。

カリフォルニアはアメリカの中でも最大級の車社会で、公共交通機関が極端に少なく、ほぼ完全な車社会です。
車で十分で行けるところでも公共交通機関を使うと、場合によっては一～二時間かかることはざらです。

カリフォルニアで運転免許を取るためにはまず、条件として、ビザ（滞在資格）の残存期限が六十日以上あることが必要になります。
取得する手続きの流れは以下の通りです。
一．筆記試験の予約
二．筆記試験
三．路上練習許可証の交付
四．実技試験の予約
五．実技試験
六．運転免許証交付

ほとんどのDMVでは、筆記試験は予約せずに、直接行ってその場で受験することができます。（DMVによっては予約が必須な場所もあります）

しかし、カリフォルニアのDMVではいつも長蛇の列ができていて、早くて三十分、長いと二時間くらいは並ぶことになります。

並ぶのが嫌なら予約をした方がいいでしょう。予約はDMVのサイトからできます。

前出の【羅府テレフォンガイド】には運転免許の取り方の紹介があり、学科試験の例題が英語と日本語で載っているため、事前にこれで勉強しておくと、とてもスムーズに合格できます。

当日は受付に申し出れば日本語の問題用紙で試験を受けることができます。

試験は一回で受からなくても、同日に三回まで受験可能です。

日常生活面のサポートを担当する現地コーディネーターの富田さんに相談したところ、免許取得の注意事項をいろいろと教えてもらい、英会話スクールのジオスから近いサンタアナというところにDMVがあることを聞き、授業が終わったあとでそこに直接行ってまず筆記試験を受けました。

当然のごとく、一回で合格をし、路上練習許可証を交付してもらい、その後自宅に帰りネットでＤＭＶのサイトから翌週の実技試験の予約をしました。

私の場合は日本で四十年近く運転をしていて、カリフォルニアに着いてからも毎日、日本の国際免許で運転しているため実技試験も問題なく合格する自信がありました。

実技試験は自分の車を持ち込んで受けることになります。

ところが実技試験の当日、私が普段乗っているトヨタのアバロンでＤＭＶに行くと大きな問題が起きてしまったのです。

受付で手続きをしている時に、同乗者はどこにいると聞かれたので、同乗者はいないというと、実技試験を受けるための条件として、すでにカリフォルニアのドライバーライセンスを持っている同乗者と一緒に来なければ試験を受けられないと言われたのです。

「ガ〜ン！　富田さんからそんなの聞いてないよ！　どうしてそんな肝心かなめのことを言ってくれなかったのだろう」

用心のため早めに着いていたので、実技試験の開始まで四十分ほど時間がありました。

私は受付に、

「今から手配をしてすぐに来てもらうようにするから少々時間を下さい」

と伝えて、すぐに富田さんに電話をしました。

これこれしかじかで、実技試験が受けられないので今すぐ試験場に来てくれませんか？

富田さんの回答は、

「今ロスにいるため体が空くのは夕方になります」という冷たい返事でした。

私は、

「なぜそんな肝心かなめのことを教えてくれなかったのですか？」

と言うと、返ってきたのがあまりにも淡泊な、

「言わなかったですか？」

という回答でした。

「聞いていたらそんな重要なことを忘れるわけがないだろ！」

と思った私ですが、今この場で言っても仕方ないことなので、「分かりました」と言って電話を切り、残る手立ては自宅の大家さんであるダニエル・チュー氏に頼るしかありませんでした。

藁にも縋る気持ちでチュー氏に電話をした私は、状況を話して今すぐサンタアナまで

来られないかと尋ねました。

富田さんとはうって変わって親身な対応をしてくれたチュー氏は、

「それはなんとかしないとね！　分かった、今はロスにいるけど、できる限り用事を早めに終らせて一時間半後には行くようにするから」との頼もしい言葉をくれました。

私はどっちが金をもらって仕事をしているコーディネーターなのかが分からないなと思いながら、一時間半後では試験の開始時間に間に合わないことを告げ、チュー氏には別の手を考えることを告げました。

途方に暮れた私はＤＭＶの受付に戻り、駄目元で担当の人に同乗者は来られないことを告げ、なんとか実技試験を受けさせてくれるよう説得をすることにしました。

しかし担当官は相変わらず、

「No!」としか言いませんでした。

その時私は、アメリカでの交渉事には引いたら負けで、とにかく自分の主張を徹底的に言いまくることが大切だと、かつて聞いたことがあったのを思い出しました。

意を決した私が担当官に向かって、

「私は毎日カリフォルニアで車を運転している、日本のドライバーライセンスを持っているし国際免許も持っている。実際に日常生活の中で、毎日運転している私が、一人で実技試験を受けられないなんて理不尽な話じゃないか！」

一か八かで語気を荒立て、できる限りの剣幕でまくし立てると、担当官は私の勢いに圧倒されたのか、

「日本のライセンスを見せろ」

と言いました。私が日本の免許証を渡すと、それを持って奥の方に行き二〜三分ほどして戻ってきました。

「ＯＫ！　あなたの実技試験を受ける権利を認めます」

な、な、なんと許可してくれたのです。

「やったー！」


喜び勇んで車に飛び乗り実技試験の受験者のラインに並びました。

やがて自分の番が回ってきました。

試験官は黒人のスマートな中年男性で、スタート前のチェックから始まり、いざ路上に移動して試験が始まりました。

すべてが問題なく終了し、ＤＭＶに戻ってきた時に試験官が「You are good driver!」と言ってくれたので、合格を確信し、受付で所定の手続きをして帰宅しました。
〝何事も最後まで決してあきらめてはいけない〟という言葉が、この時ほど身に染みたことはありませんでした。

二週間ほどして待望のカリフォルニアのドライバーライセンスが届いた時は、日本で初めて運転免許証を手にした時と同じような感動を覚えました。

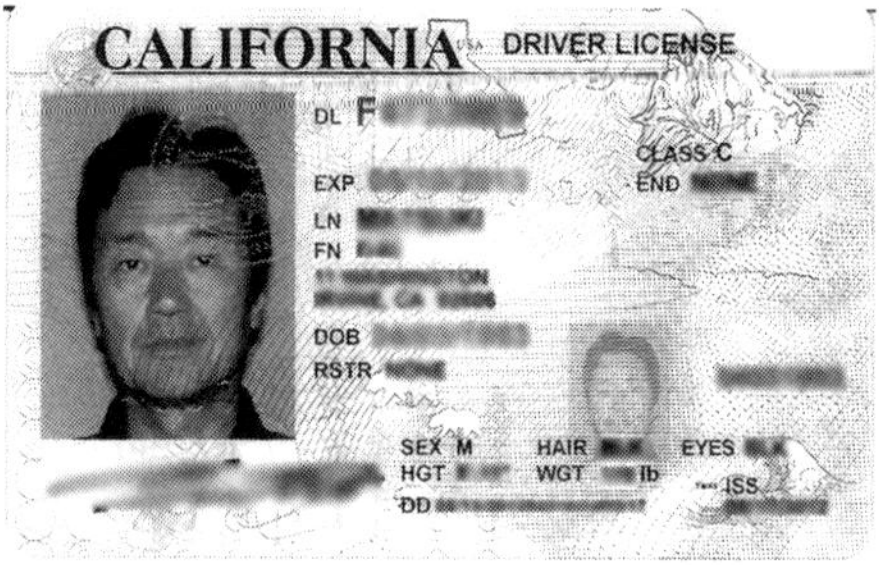

Driver License の写真

ＴＯＬＬ　ＲＯＡＤ

アメリカの高速道路はほとんどが無料ですが、中にはＴＯＬＬ　ＲＯＡＤといって利用料を払わなければいけないところがあります。

オレンジカウンティにもこのＴＯＬＬ　ＲＯＡＤがいくつかあります。
73、２４１、２６１、１３３がオレンジカウンティのＴＯＬＬ　ＲＯＡＤですが、料金所のようになっていて、人がいれば日本でも馴染みがあるため分かりやすいのですが、これのやっかいなところは、無人の機械に対して支払うようになっていることです。
予備知識がなく初めて見る人は、まさかフリーウェイでお金を払うなどという発想がないため、ついそのまま通り過ぎてしまうことがしばしばです。

しかもお釣りがなかなか出なかったり、コインのみでしか払えなかったりなど、知らなかったが故のトラブルが結構あります。

私たちの住まいの近くにＲ２６１があり、ほとんど利用しない道路でしたが、ある日たまたま何かの拍子に分岐点を間違えて侵入してしまいました。

車の通りも少なかったので戻って正しい分岐に入ろうとしたのですが、

「まあ知らない道を通るのも気晴らしになるかな」程度の軽い気持ちでそのまま通り過ぎました。

途中にゲートがあった記憶はあるのですが、無人であったため、よもやそこが料金所などという発想がなかったので、気にも留めませんでした。

それから数週間後、ＴＨＥ ＴＯＬＬ ＲＯＡＤＳから一通の手紙がポストに届きました。

中を見ると、Ｒ２６１で写真撮影された私の車と百ドルのＦｉｎｅ（罰金）の支払命令書が入っていました。

ガ～ン！　聞いてないよ！

早速、生活全般担当の現地コーディネーターの富田さんに電話をして聞いたところ
「それは罰金を払わなければなりませんね」とのことでした。

私は、

「こんな道路があることを知らなかったので、なんとかならないでしょうか？」

と聞いてみました。

すると富田さんは、

「罰金ですから払うしかありませんね。僕も以前にやってしまったことがあります。お金がなかったので泣く泣くそのまま通り過ぎてしまいました」とのことでした。

電話越しにもかかわらず、その「お金がなかったので」という説明には、なぜか哀愁

が漂っていました。

私は渋々了解してすぐにネットのホームページからクレジットカードで支払いを済ませました。

ところが、後日、語学学校のジオスに行ってこのことを他の留学生に伝えてみると、台湾から来ていたＡＮＮＹという生徒が、「私も知らずにＴＯＬＬ　ＲＯＡＤを通ってしまい、罰金の支払い命令が来たけど、ホームステイ先のホストファミリーに聞いたら、初回に限り申し出れば理解していなかったということで、罰金を免除してくれるシステムになっている」と言われました。

ガ～ン！

早速ネットで調べてみたら、

「知らずにＴＯＬＬ　ＲＯＡＤに乗ってしまった場合、一回目に限り、罰金が免除される」

との項目がありました。

生活全般担当の現地コーディネーターの富田さんは、このことを知らなかったのでしょうか。

重ね重ね全く頼りにならない生活全般担当の現地コーディネーターだなとつくづく感

じてしまいました。

バーベキュー

私たちが住んでいる11Washingtonには近くに大きなモールがいくつかあって、一番近いモールにミツワという日本のスーパーマーケットがあり、日本の食材には事欠きません。カリフォルニアに日本の食材を扱うスーパーがたくさんあるのは、日系移民が多いので、自然と需要に合わせて市場ができているのと、もう一つは、健康ブームによってヘルシーなイメージの日本の食材を求めるアメリカ人が多くなったことが理由だと思います。

調味料やお米などは当然のこと、たいていの日本のお菓子やお刺身も手に入ります。ほとんど日本のスーパーと遜色ないくらいです。

若い頃五年ほどアルバイトでレストランのコックをしていたことのある私は、料理が趣味といっても過言ではなく、和洋折衷なんでも広く浅くこなすので、たまにする外食以外アメリカでは、ほぼ毎日和食を作って食べていました。

アメリカの人たちはバーベキューが大好きなようで、誕生日、祝日、週末など何かあると友人や近所の人たちを招いてバーベキューに興じます。

日本のバーベキューは薄く切った肉を焼いては食べるという焼肉屋さんのスタイルですが、アメリカのバーベキューは、塊の肉を、じっくり時間をかけて焼き、焼き上がったらテーブルについて切り分けて、皆でゆっくり食べるというスタイルです。

肉以外にも魚介類や野菜を焼きますが、基本的には我々日本人には考えられないほどの量を食べます。

アメリカは大量生産大量消費の文化なので、アメリカのスーパーで売っている肉や野菜などの食材は日本よりはるかに安く、毎日鱈腹食べる人が多いから肥満が大きな問題になっています。

日本人がアメリカに留学や仕事で赴任すると、毎日カロリーの高い食事をとるので体重が結構増えて帰ってくるといいますが、余程節制するか、和食の自炊を徹底しない限りやむを得ないかもしれません。

カリフォルニアでの生活が落ち着いた頃、ジオスで知り合った友達ができてくると、家に招いて昼食会のバーベキューや夕食会をやるようになりました。

日本人はやはりアジア人同士だと安心するのか、日本人の友人は勿論のこと、タイ

ジオスの留学生仲間たちとのバーベキュー

人、台湾人、香港人、ベトナム人などアジア系の人たちとよく食事会をやりました。

そんな中にチェコ共和国から来たカールスという少年もよく招きました。

カールスは息子の陽介と同じ年で、アイスホッケーの選手です。

アメリカの四大プロスポーツとして挙げられるのが、NFL（アメリカンフットボール）、MLB（メジャーリーグベースボール）、NBA（バスケットボール）、NHL（アイスホッケー）です。

どれも人気があるイベントですが、シーズン終盤の年間チャンピオンを決める試合は特に人気があり、NFLのスーパーボウルのここ十年の平均視聴率は約四十五％で、全米で一億人以上がテレビ観戦し、世界でも二百以上の国と地域でテレビ中継されます。

ＮＦＬほどではありませんが、ＮＨＬも北米で人気のスポーツで、ロスにもアナハイム・ダックスというプロホッケーチームがあります。

カールスは十六歳にしてそのダックスとジュニア契約を結んでいるという、いわゆるアイスホッケーエリートでした。

アイスホッケーはヨーロッパでも盛んなスポーツで、カールスの父親と祖父はドイツリーグのプロ選手だったそうです。

カールスが私と同じクラスに入ってきた時は、十六歳で、まだ流ちょうな英語は話せなかったのですが、ヨーロッパ人の言語感覚は、概ね文法が同じということと、ルーツを共にするが故の多くの似た単語によってメキメキ上達するという実にうらやましい限りで、すぐに上級のクラスへ移動していきました。

彼は毎日バスでジオスに来ていて、バス停から二十分ほど歩いて通学していました。

カリフォルニアの日中の日差しはかなり歩行者にはつらくて、いつも汗だくで歩いていたのを時々見かけていた私は、気の毒に思い、ある日授業が終わった時に、

「今日はバス停まで送ってあげるよ！」

と言うと、とても喜んでいました。

それ以来授業が終わるといつもジオスの出口付近で私を待つようになりました。

息子と同じ年の十六歳なのに一人で遠い異国に来て頑張っているのを見ると、何かできることがあったら補助してあげたいといつも思っていたので、それからは毎日帰りだけバス停まで送ってあげることにしました。

車に乗った時にいつも積んでいるカンロ飴をあげると、初めて食べるソイソース味のせいか、ものすごく喜んで食べていたので、それ以来車に乗った時はいつも一個あげることにし、彼もそれを楽しみにしていたようです。

ある日、カールスが、

「次の日曜日に僕が出場する高校生チームのアイスホッケーの試合があるから見に来ないか」との誘いを受け、行くことにしました。

家からフリーウェイを十分ほど走ったところにあるモールの近くに体育館がありました。外は三十度を優に超える暑さですが、一旦リンクに入ると中は氷の世界です。

私が育った北海道の苫小牧は、日本のアイスホッケーのメッカで、市内には王子製紙を母体とする王子イーグルスという実業団チームがあります。

高校時代は、その王子製紙の屋内アイスホッケーリンクで行う母校（苫小牧東高校）の試合の応援に何度も行ったことがあります。

北海道ならいざ知らず、カリフォルニアのこんな暑いところにスケートリンクがあるのが少し不思議な感じがしました。


リンクの上のカールスは、ジオスで見る時の少し頼りない十六歳の面影は全くなく、まさに水を得た魚のごとく、まるで別人のような活躍をしていました。

さすが、若くしてアナハイム・ダックスとジュニア契約を結ぶだけの選手だとつくづく思いました。

試合終了後、差し入れのカンロ飴一袋を持って選手の控室を訪ねていくと、ご多分に漏れずムッとするスポーツ選手特有の臭いが充満していました。

私が高校生の頃、母校の苫小牧東高校は、戦前からある木造二階建てのオンボロ校舎で、通称「ガタ校」と呼ばれていました（現在は新しくなっています）。二〇一〇年にノーベル化学賞を受賞した鈴木章氏の出身校（のちに北海道大学に進む）でもあり、北海道屈指の進学校なのですが、何分校舎が古くて、冬の季節、外が吹雪いている日などに廊下を歩いていると、木造校舎の隙間から吹き込んだ雪で、所どころに吹き溜まりができているのを見かけるほどガタが来ている校舎でした。

体育館は、天井が低く、たくさんの梁がある木造のため、バレーボールの対外試合を行うと、高く上がったボールがその梁に当たってあらぬ方向へ行ってしまうことがよくありました。

当然ノーカウントとなるこのボールを市内の他の高校では「ガタ校ボール」と呼んでいたほどです。

体育館とは別にある武道場で、柔道や剣道の部活が行われていましたが、そこに入ると剣道の武具や柔道着に染み込んだ汗の臭いが独特な雰囲気を出していて、あまり近づきたくないといつも思っていたものです。

東洋人よりは体臭のきつい白人が多い高校生のアイスホッケーチームの防具は、そんなに洗濯ができないことも相まって、凄まじい臭いを放っていましたが、スポーツに打ち込んでいた高校時代を思い出して、ある種ノスタルジックな感覚を覚えたものでした。

台湾から来ていたマンディとクレアというとっても仲良しの女の子は、ジオスの近くにホームステイをしていて、自転車で通学をしていました。

彼女たちは、余程カリフォルニアの照り付ける紫外線が嫌いと見えて、自転車で通学中は、いつも長袖のシャツを着て、長ズボンを穿いていました。

レストランでのパーティーのあとで記念撮影

それに加えて、手袋はもとより、帽子をかぶった上に白い布で顔を覆って、まるでイスラム教徒の女性が目以外をすべて覆っているように、ほぼ全身を紫外線から防御していました。

私は運転中にたまにその格好で自転車で歩道を走っている彼女たちに出会うと、信号待ちをしている間にTシャツやYシャツを頭からかぶり、目だけを出して彼女たちに向かって奇声をあげて、驚かせてみたりしました。勿論、私だと分かっているので、マンディもクレアも大喜びではしゃいでいたのでした。

タイから来ていた二十二歳のソンボンは童顔でし

たが、さすが微笑みの国から来た人で、いつも人懐っこい笑顔をしていました。

ある時私たちと三人の台湾人とソンボンとでディナーに行った時のことです。

未成年の陽介は7UPを、他の大人が皆、ビールやカクテルなどのアルコールを頼むとウェイターが君はいくつだとソンボンに聞いてきました。

「二十二歳だよ！」と答えるとウェイターは、

「IDを見せろ」と言ってきました。

彼は正真正銘二十二歳で、もうお酒が飲める年でしたが、なにぶんベビーフェース故に信用されなかったので、彼はパスポートをスキャンしたデータが入ったiPadを開いて見せたところ、

「原本でなければ駄目だ」と言ってきました。

仕方がないので彼は陽介と同じく7UPを頼むことにしました。

私はそのウェイターに向かって、

「私もID見せる？」と半ば冗談で聞くと、彼が間髪を入れずに、

「君はその必要はない！」と言ってきました。

アメリカはほんとにお酒については厳しいです。

私が四十五歳の頃、ハワイで夜レストランに行った時のことです。

ハソイはレストランによってお酒を置いてあるお店と、店には置いていなくて、外で買ってきて持ち込みで飲めるお店があります。

後者のお店に入った時に近くのリカーショップへ行ってビールを買おうとした時に、店員に、

「お前はいくつだ！」と言われ、

「四十五歳だ」と言うと、怪訝な顔をして、

「パスポートかＩＤを見せろ」

と言ってきました。

その店員は韓国人か中国人で、同じ東洋人なら大体の年は分かるだろうと思いましたが、かなりの疑いの眼差しを私に向けていました。

私がＩＤは今持っていないと言うと彼はしばらくじっと私を見続けた上で、渋々納得をして売ってくれました。

ハワイ在住の方から聞いた話ですが、ある東アジアの国の出身者がハワイで酒店を経営していたのですが、道路を挟んで斜向かいに同じ国の人が酒店を開いたそうです。

その商売敵をつぶすために、少々老けて見える未成年者を使ってお酒を買わせたのだとか。

ＩＤが無かったにもかかわらず老け顔に安心して売ってしまったその店を、仕組んだ側は勿怪の幸いと警察に通報してその店はつぶれたそうです。

日本人なら絶対にやらないであろうことをやってしまうその国の人のメンタリティにも驚きますが、お酒に厳しいアメリカの状況にも驚かされました。

アメリカは禁酒法の時代の影響で、アルコールに関してはかなり厳しく対処しているようです。

ほとんどのパブリックスペースではアルコールはご法度です。


フランスから来ていた三十代のカップルのエマニュエルとジョアンナはある夢を持ってジオスに通っていました。

ジョアンナはフランスでメイクアップの勉強をしていて、ハリウッドでメイクアップアーティストとして仕事をしていくことを目標として、元サッカー選手だったエマニュエルとカップルで渡米してきました。

当然アメリカで仕事をするためには英語ができなければということで、二人で入学してきたのです。

二人とも私と同じクラスに入ってきてすぐに三か月に一度行う実力テストを受けることになりました。

結果は二人とも私より低い点数だったのですが、やはり言語の由来が同じインド・ヨーロッパ語族のフランス語を母国語とする二人は、数か月のうちにあっという間に私の点数を上回っていきました。

ある日私がエマニュエルとジョアンナの二人と何気ない会話をしていた時のことです。

彼らはフランス南部の避暑地ニース近郊に住んでいたようで、

「パリに住むフランス人は高飛車で、いつもイライラしていてストレスが溜まっているようで、せかせかして感じが悪い。私たちはパリ人が大嫌いだ」

と言っていたことがありました。

そして、私にフランスに来たことがあるかと聞いてきました。

私は「ある」と答えるとさらに「フランスのどこに?」と聞いてきたので、
私は「ニース、カンヌ、グラース、モナコ、マルセイユ、サンマロ、モンサンミッシェル、カレー、パリに行った。中でもパリは五回ほど行った」と伝えると、途端に冷ややかな目で私を見るようになりました。

私は決して自慢げに話したのではなく、日本人特有の控えめな口調で淡々とありのままを話しただけなのですが、その日以来彼ら二人はなぜか私と距離を置くようになり、陽気なフランス人らしい朝の挨拶もしなくなりました。

フランス人の性格を表す時によく、明るく陽気で、おしゃべりとワインと外で時間を過ごすのが大好き！　といいます。

どんなことに対しても、Oui　Non（はい、いいえ）の答えをしっかり持っており、意見をはっきりと躊躇わずに口にします。

また、一つのテーマについて意見を言い合うことが日常的で、誰もが服装、生き方、食物など、すべてにおいて自分のスタイルを持っています。

以前私はフランス人の性格についてこんなことを聞いたことがあります。

「フランス人はプライドが高く、特にフランス語にプライドを持っていて、英語で話しかけられた時、たとえ英語が話せても知らんふりをする。だからフランス人、特にパリ人は世界一冷たい。なんて言われることもある」と。

この話を聞いた時にフランス人は結構ひねくれ者が多いのかなと思ったのでした。

しかし地方出身のフランス人に言わせれば、実はフランス語しかしゃべってくれないのではなく、純粋にフランス語しかしゃべれないのだそうです……。

ある日の授業の中で、ウールやシルクの繊維の話をしていた時でした。

ジョアンナが、

「高級セーターはカシミアが一番高い」と言ったので、私が、

「カシミアよりもっと高い繊維があるよ」と言うとジョアンナが、

「何なのそれは？」と聞いてきました。

私は、

「ビキューナといって、南アメリカ原産のラクダの仲間のビクーニャの毛を織って作られる高級生地で、コート一着六百五十万円くらいはするよ」と言うと彼女は眉間に皺を寄せて、

「そんなの聞いたことがない！」

と何度も言っていました。

私は、

「聞いたことがないんじゃなくて、君が知らないだけだよ」

と言うと彼女の怒りに満ちた眉間皺がピークに達したように見えました。

またある日の授業でアメリカのスポーツメーカーのＮＩＫＥ（ナイキ）の話題になった時のことです。

私が、

「ナイキの名前の由来は、ギリシャ神話の勝利の女神であるサモトラケのニケのニケ（ＮＩＫＥ）を英語読みしてナイキとつけた。したがってラテン語から派生した言語を使うイタリア、フランス、スペインなどの国ではＮＩＫＥをそのまま読むとニケと発音する」と言うと、すかさずエマニュエルとジョアンナが、

「違うフランスではナイキと発音する！」と言い放ってきました。

私は、

「スポーツメーカーのナイキは世界中でナイキと発音するのは当たり前だが、私は今その由来となったニケについて話しているんだよ」と言うと、ジョアンナが、

「フランス語でニケはとっても失礼な意味だ！」

と例の眉間皺を深く刻みながら、いかにもという顔をして言い放ってきたのです。

私が、

「君はサモトラケのニケ像を知っているだろ！　パリのルーブル美術館にも展示してあるよ」と言うと彼女はそれには答えずに、

「ＮＩＫＥをニケと発音する人はフランスには一人もいない。フランス語でニケはとっても失礼な意味だ」と何度も繰り返すのでした。

議論に勝つコツは議論をしないこと。


私は黙ってノートに書いたＮＩＫＥの文字をジョアンナに見せ、

「フランス語ではなんて発音する？」と聞くと、彼女は、

「ニケ」と読んだのでした。

あきれた私がそれ以上何も言わなかったことは言うまでもありません。

ハイスクール入学

語学学校での生活も慣れてきた夏、息子の陽介がいよいよハイスクールに入学するための手続きをする日が近づいてきました。

その日を翌日に控えた日のことでした。

必要な書類を揃え、漏れが無いように現地コーディネーターの富田さんと上田由樹さんにも執拗に確認をしました。

その中で最後に、

「パスポートは持参した方がいいですか？」と聞いたところ由樹さんは、

「パスポートは持参する必要はありません」ときっぱりとおっしゃいました。

私は万が一のことを考えて、

「荷物にはならないから、念のために一応持っていきましょうか？」

と再度確認すると、

「いいえ！　パスポートは必要ありません！」

と再度きっぱり言ったので、私は了解しました。

翌朝必要書類を持参し、車でフリーウェイを十五分ほど走り、これから四年間お世話になるフェアモント・プレパレートリー・アカデミーに到着しました。

受付を済ませて事務所へ向かい手続きを始めたところ、担当者から耳を疑う言葉が発せられました。

「ではパスポートを見せて下さい」

えっ「パスポートが必要なのですか？」私があっけにとられて放った一言に対して担当者は「ＩＤが必要なのは当然です」

私は「昨日コーディネーターに確認したら必要ないと言われたので持ってきませんでした」と言うと、

「パスポートが無いと手続きができません」との答えでした。

よくよく考えたらその通りだと思いましたが、あれだけきっぱりと現地コーディネーターに「必要ありません！」と再度言われたらそう思い込んでしまったのも仕方ありません。

私は「すぐに家に戻って取ってきます」と言って車に飛び乗りました。

まずはコーディネーターにすぐ電話をして、ことの顛末を少々怒り気味に語気を荒げて説明しました。

返ってきた回答は、

「えっそうですか？　以前は必要なかったと思いましたが」

いったいコーディネーターの仕事を何だと思っているのか。

肝心かなめの一番大事なことを、自分の思い込みでミスアナウンスメントするとはもう終わっている！

そう思いながら車を走らせ、急いで家に帰ってパスポートを持参してスクールに戻り無事手続きを完了することができました。

現地コーディネーターによるあまりにもたくさんの不祥事が続いたため、年間のフィーは無駄になるけれども、もう彼らには頼まずに、分からないながらも自分たちで直接学校などと掛け合ってすべてをやっていこうかなと思うようになりました。


無事に入学手続きが完了して、いよいよ陽介の高校留学生活が始まりました。

留学生活が順調に進んでいたと思われ二週間ほど過ぎたある日の夕方、学校の英語の教師から一本の電話が家にありました。

私のつたない英語で会話をしたところ、どうやら陽介の入った英語のクラスが、いくつかレベル分けした中で上級クラスだったようで、本人も大変そうなので一つ下のランクのクラスに変更してはどうか、というサジェスチョンでした。

聞くところによると、最初の一週間授業を受けてみて自分の実力とクラスのレベルを見極め、必要とあればクラスの変更が可能であったようで、私は勿論のこと、陽介もそこまでの詳細は理解していなかったので、念のため上田コーディネーターに電話で確認すると、

「こちらの学校はそういうシステムになっています」との回答でした。

私は、

「そんな重要なシステムをどうして最初に説明してくれなかったのですか？」と聞いたら、相変わらず、

「あれ！　言ってなかったですか？」との回答でした。

今に始まったことではないので、私はそれ以上言う言葉を飲み込んで、やはり今後は自分たちで逐一確認をしていこうとの決心をしました。

ひと月ほどすると一日のルーティーンがほぼ決まってくるようになりました。朝六時に起き朝食を済ませ、歯磨き、シャワーなどの朝の身支度を済ませて七時十五分に自宅を出発し、陽介を学校が始まる七時五十分に余裕を持って三十五分頃届けて、私はジオスに向かうという流れができてきました。

陽介のハイスクールの昼食はやはり学食のようなものがあって、ハンバーガーやポテトフライといったアメリカのファストフードのような物が置いてありました。支払いは前もってお金をデポジットしておくと、デポジットカードで済ますことができ、さらにパスワードを入力すればオンラインで当日の使用内容や残高などを自分で管理することができました。

初めは日本のスーパーで購入した魔法瓶型の弁当箱に、毎朝和食のお弁当を作り持参させることにしました。

学校には飲み物の自動販売機が置いてあるのを見ましたが、日本のそれとは違って、お金を入れるところと商品を選ぶボタンと取り出し口以外のすべてを頑丈な鉄格子で囲われて、さらに鍵がかけられていて、まさにお国柄を感じました。

日本に来た外国人がまず最初に驚くのが、どこへ行っても街がきれいだということと、自動販売機が街の至るところにあることだそうです。

たいていの海外の国では、路上に自販機など置いたら即日のうちにバールで壊されて、中のおつりはおろか商品まで一つ残らず持っていかれるようで、治安のいい日本でなければあり得ないことのようです。

ハイスクールは元モールのショッピング街を改造した校舎なので、とてもおしゃれな外観をしていましたが、鉄格子自販機は全くそこにそぐわない物でした。

苦手な受付の事務員

ある日、陽介をハイスクールに送り届け、そのあと語学学校で授業の準備をしていた時でした。

私の携帯に一本の電話が入りました。

出るとハイスクールの受付の事務員からの電話でした。

その事務員は最初に会った時からどうも苦手なタイプで、大きな体格の白人のショートカットのおばさんですが、物言いが結構きつくて、あまり流暢ではない私の英語を全く無視して自分の言いたいことだけをずけずけと言ってくる人で、私は辟易していたのでした。

内容は、陽介がどうやら風邪をひいているようなので直ちに迎えに来てくれとのことでした。

私は、インフルエンザならいざ知らず、少々の風邪をひいたくらいならば日本の場合

はそのまま授業を受けさせるか、中学校でも高校でも必ずある、保健室で寝かせておくものと思っていたので、

「私は、今は迎えに行けないので保健室で休ませてもらえませんか？」というと、

「そのような施設はこの学校には無い！」ときっぱり言われました。

さらに、

「風邪をひいた生徒がいたら他の生徒にうつすと困るので保護者の責任で直ちに迎えに来なさい！」

との結構激しい口調で言われたのでした。

「今、陽介はどうしているのですか？」と聞くと、

「受付の隣の資料室にいるので直ちに迎えに来なさい！　分かりましたね！」とエライ剣幕で言われてそのまま電話を切られました。

私はなすすべなく言う通りにしなければならず、語学学校の授業を休む許可を取ってハイスクールに向かいました。

ハイスクールに車を止めてすぐに受付に行くと、苦手なおばさんがどっしりと構えていました。

私が、陽介の父親だと告げると、そのおばさんは向かいの資料室を指さしました。

入っていくと、赤く火照った顔をした陽介が、無言で辛そうに一人で椅子に座っていました。

「大丈夫か？」私の問いかけに、

「うん」と力ない返事が返ってきました。

急いで陽介を車に乗せ自宅へ向かいましたが、幸いカリフォルニアは暖かいので、エアコンを弱くつけていれば車の中でも寝ていて案外楽そうでした。

家に着いてすぐに着替えて、風邪薬を飲んでベッドで寝ましたが、結果回復するまで三日ほど学校を休むこととなりました。

この学校の規則では、たとえ風邪をひいて休んだとしても、休みが終わり、登校する初日には休んだ理由を所定の用紙に記入して、事務室に届け出をしなければなりません。

後々何かあった時に書類で残しておく必要があるのでしょう。

それからひと月ほどしたある日のことです。

授業が終わった時間に陽介を迎えに行くと、何やら浮かない顔をしていました。

何かあったのかと聞くと、体育の時間に鍵のかかるロッカーがいっぱいだったので、着替えた洋服をロッカーに入れずに授業を受けていて、授業が終わって着替える時にズボンのポケットに入れていた財布がなくなっていたと言うのです。

私はすぐに事務所の受付に行くと、やはりあの苦手なおばさんがいました。

私は、

「息子が財布を何者かに盗まれたので、警察を呼んでほしい」と言うとそのおばさんは怪訝そうな顔で私を見て、

「財布を盗まれたくらいでは警察は来ないよ！」と吐き捨てるように言ってきたのでした。

「日本では泥棒に物を取られたらまず警察に届けるよ！」と私が言うと、おばさんは間髪を入れずに、

「So what?（それがどうしたの?）ここはアメリカよ！　学校では日常的にやれ財布を盗まれた、ｉＰｈｏｎｅを盗まれた、ｉＰａｄを盗まれた、とそんなことが起こっているし、その都度警察なんか来てくれるわけがないでしょ」といつもの不躾な物言いでま

くし立てるだけでした。

私たちは仕方なしに担当のカウンセラーのところに行き面談を申し込みました。カウンセラーはライアン・ファンというベトナム系アメリカ人で、生徒に対しては実に丁寧に接してくれました。

私は一通り事情を話したところ、

「盗んだやつが悪いのは勿論だけど、取られた方も気を付けなければならない。例えば車に乗っていて、席を離れる時など、社内にカバンなどを残す場合は、外から見えると窓を割ってでも持っていく輩がいるからシートの足元など見えない場所に隠すとか、盗まれない用心を常にすることが肝心だ」

ここは自己責任の国アメリカだということをしっかりと認識させられたのでした。

財布の中身の現金は幸いなことに三〜四十ドルくらいと比較的少なかったのですが、VISAカードが入っていたため、すぐにカード会社に電話をして事情を話しました。

確認してもらったところ、無断使用はされていないとのことでしたので、無効の手続きをして、再発行してもらうことにしました。

フリーウェイ

平日は毎朝定時に自宅を出てI－5（アイファイブ）というフリーウェイを利用して十七分程度でハイスクールに着いていました。

カリフォルニアのフリーウェイにはI－5やI－405などとすべて名前がついています。その名前の付け方には、ある程度ルールがあるので、知っておくと便利です。

まずはI－5（アイファイブ）、というように数字の前にIがつく道路は、重要なフリーウェイです。Iというのは、Interstateの略で州間高速道路のことです。

旅行などで長距離運転する時は、しばしばお世話になります。

また、日本では「関越道上り」などと表現しますが、カリフォルニアではI－5 Northなどの表現をします。日本の「上り」「下り」は主要都市の中心に向かう方向が上りで、逆が下りとなりますが、カリフォルニアでは東西南北、East, West, South, Northで表記します。

そして道路の数字にも意味があって、たいていの場合、奇数の数字がついているのは南北に、偶数のは東西に走っています。

ちょっと道に不安だなと思った時、このルールを知っていると、方向と位置の想像が概ねつくようになります。

サマータイム

サマータイムとは昼間時間の長い夏季の一定期間、国や地域単位で、標準時を一時間進めた時刻を使用することで、明るい時間を有効に利用するため、省エネや経済的効果があるとされています。

第一次世界大戦中、節電の必要に迫られたドイツが一九一六年四月三十日午後一一時から一〇月一日午前一時まで導入したのが最初で、これを契機にヨーロッパ主要国に広がり、その後、アメリカ、カナダ、ニュージーランド、南アメリカの多くの国々が採用しました。

現在、世界でサマータイムを実施している国は約六〇か国あります。

日本でも一九四八年～一九五一年までの三年間、サマータイムを導入していたことがあります。

第二次世界大戦の敗戦後、米軍によって占領統治されていた時期、夏時刻法という法律が制定され、既定の時刻に一時間加えたタイムゾーンを採用した形で、五月の第一土曜日から九月の第二土曜日まで夏時間としました。

しかし日本人に馴染みのないサマータイムは一九五二年になって、講和条約により、日本が政治的に独立をする直前になって、廃止となりました。

理由としては、農業従事者の生活のリズムの崩れ、残業が増加する労働条件の悪化、交通機関の混乱などが挙げられています。

やはり当時の日本においては、農業で生計を立てる人口が多く、時計で動くのではなく、太陽の動きによって人間の営みをしてきた人々にとっては、その一時間のタイムゾーンに慣れなかったというのが最大の原因とされています。

民間会社と公務員の出社時間が、夏時刻法によって、一緒の時間となったため、通勤時間帯のラッシュが殺人的になったということもあります。

これは、もともと公務員が民間会社よりも一時間遅く出勤していたため、夏時刻によって、一緒の通勤時間になったからだそうです。

日本で生まれ育った私たちには全く身近でない習慣のサマータイム。

春にヨーロッパに旅行に行った時に、明日からサマータイムに入るという瞬間に遭遇したことがありますが、もともと日本との時差がある国に来ているため、時計を一時間進めたところで時差ボケの体には全く関係ありませんでした。

アメリカではサマータイムのことを『Daylight Saving Time（デイライト・セービング・タイム）』と呼び、ＤＳＴと略されます。

アメリカはアラスカ州とハワイ州を除いた本土だけ見ても、東海岸（Eastern）、中部（Central）、山岳部（Mountain）、西海岸（Pacific）と四種の時間帯があります。

開始時期は毎年決まっていますが、時間は米国内時差によって多少異なります。

サマータイム→三月第二日曜日
ウィンタータイム→十一月第一日曜日
私は高校時代から今日に至るまで、自分の髪は自分で切ってきました。

勿論後ろ側もそうです。

高校時代に家から小遣いをもらっていなかった私は、散髪代をもらっては自分で髪を切ってそれを小遣いにしていたのでした。

さすがに四十年も自分で切っていたら目をつぶっていても後ろ側を切れるようになりました。

しかし三十代の頃パーマをかけていたことがあって、パーマだけは美容室でかけてもらいましたが、これすらも自分でやってみようと思ったことがあります。

薬局でパーマのセットを買ってきて、チャレンジしたのですが、どうしても自分でロットが巻けず、とうとうあきらめてしまいました。

薬局で買ったパーマのセットが無駄になったのがとても悲しかった記憶があります。

息子の髪も生まれてから中学を卒業するまですべて私が切っていましたが、アメリカに来てからは数か月に一回、日本人が経営している美容室で髪を切る習慣となっていました。

初めの頃、モールに入っている地元の人が経営している理髪店に行ったのですが、これなら私が自分で切った方がましだと思うくらい、あまりにも雑でいい加減だったので、やはり日本人経営の美容室に落ち着きました。

そこは自宅から車でフリーウェイを使い十五分ほどのところですが、常に日本人のお客さんでいっぱいなので、予約が必要でした。

数日後の空いている時間に予約を入れた時でした。

店員さんが言った、

「その日はサマータイムが始まる日ですので予約時間にご注意下さい」の言葉に、

「あっ！　そうだった。我々はサマータイムを採用している国に来ていたのだった」

と改めて実感したのでした。

このことをすっかり忘れていたら一時間遅刻です。


一年目のウィンタータイムがスタートした最初の月曜日のことでした。

このことが全く頭になかった私は、いつものように息子を車に乗せ、学校に到着すると、普段は送りに来ている車で溢れている駐車場が閑散としていたため、一瞬何が起きているのか分からなかったのですが、

「そうだウィンタータイムが始まったんだ」と気付きました。

結果的に一時間早く着いてしまったので、特に問題はなく、近くでゆっくりコーヒーを飲んで時間をつぶしました。

「今日がサマータイムの始まりでなくて良かった」と安堵したのでした。

第四章　カレッジ入学

長年の夢

アメリカ生活も一年が過ぎた頃、私は長年の夢であったアメリカのカレッジに入学することを真剣に検討し始めました。

こちらに居を移した当初、現地コーディネーターの富田さんにある相談をしました。

「私は一応五年間有効な学生ビザを持ってきていますが、語学学校には何年くらい通えるのですか？」

富田さんの回答は、

「語学学校にはせいぜい一年か一年半くらいしか通えません。大学は四年あるいは大学院も含めて六年なりの期間通うことが決まっていますが、語学学校とは三年も四年も通うところではないため、そのことが当局の知るところとなると、何のために語学学校に何年間も通っているのだ、と不審がられてしまいます。下手をすると国外退去もしくはイミグレーションで入国拒否にあう可能性があります」でした。

私は「では一年後くらいにこちらのカレッジに留学することはできますか？」と聞く

と富田さんは、

「それは無理だと思います」との回答でした。

私が「なぜですか？」と尋ねると、

「高校を卒業して何年経っていますか？」

「四十年です」

「でしたらもう高校の成績証明書が取れませんから、必要書類が揃わないので無理ですね」とそっけない返事でした。

私は物事を簡単にあきらめることが嫌いで、駄目なら違った角度から考えてみるとか、全く別な切り口からアプローチしてみるとか、とにかく、何事もできるという前提で物事を考える癖がついているので、

「他に方法は無いでしょうか？」と聞くと、

「無いですね。書類が揃わなければ入学申請ができませんので」との答えでした。

私は「無理ですか！」と聞くと、

「無理ですね」との回答。

「絶対に無理ですか？」と強い口調で聞いたところ、富田さんは絶対（ぜったい）とい

う言葉に反応したようで、無いと言い切る自信が無くなったのか、口調が変わって、「聞いたことが無いですね」と答えました。

私はこんなことで簡単に長年の夢をあきらめるわけにはいかないと決め、そのあとジオスの事務員や、家を借りた時に世話になった、不動産屋さんの青山さんとか出会う人に私がカレッジに留学することは可能かどうかをことごとく聞いてみました。

青山さんは「ここオレンジカウンティにはオレンジコーストカレッジ（通称ＯＣＣ）とかアーヴァイン・ヴァレー・カレッジ（通称ＩＶＣ）などのカレッジがありますが、お年を召しても入る方法はあると思いますよ！　だって私の知人の中に四十代でカレッジに入って勉強した人がいましたから」

と教えてくれました。

留学コーディネーターは留学のプロフェショナルのはずですが、不動産屋さんが知っている知識も無いとはナンタルチーヤ！

語学学校のジオスの事務員が、最高のアドバイスをくれました。

卒業証明書は卒業校に依頼すれば何十年経っていても英語で証明書を書いてくれるとのことでした。

そして成績証明書については、アメリカには信用評価（Credential Evaluation）やWES（World Education Services）といった等価評価とでもいう制度があり、そこに依頼すれば、日本の高校のレベルをアメリカの高校に等価評価した上で、成績証明書を発行してくれるので、それを利用すればいいとのことでした。

絶対に無理と言われたことが、やれば道が開けると分かり、俄然モチベーションが上がったのでした。


アーヴァイン・ヴァレー・カレッジ（Irvine Valley College）は、一九八五年創立の公立の大学です。

百エーカーの敷地に、図書館やコンピューターセンター、フィットネスセンター、医療施設などの設備が整っていて緑豊かで、高い建物がほとんどなく、南カリフォルニアの温暖な気候とマッチしています。

他の有名大学編入において、カリフォルニア州内で第一位にランキングされていて、多くの学生がカリフォルニア大学のバークレー校、UCLA、UCアーヴァイン校、カリフォルニア州立大学のフラトン校、ロングビーチ校、サンディエゴ校への編入を初め、USC、コロンビア大学、ペパーダイン大学などその他の私立大学や、他の州の大学に編入しています。

IVCでの留学は、春のセメスター（学期）、夏のセメスター、あるいは秋のセメスターからスタートします。

IVCの授業料はUCやCSUに比べて非常に低く、留学生にとっては、学士号取得に向けて節約が可能となります。

入学願書申請については、留学申込書に必要事項を記入して銀行残高照明書と共に提出し、高校卒業資格の証明と英語力を証明できる書類も提出します。

なお、最低英語力としては、TOEFL iBTで五十二点、IELTSで四・五点、iTEPで四・五点、あるいは、英検二級が必要です。

また、提携語学学校で特別プログラムを修了した学生については、成績表と推薦状をもらえればIVCへの入学を認めています。

私はジオスでLEVEL六を修了し、入学の資格を保持していたため、あとは必要書

入学が決まったアーヴァイン・ヴァレー・カレッジの前で

類を提出し入学の審査を受けることとなりました。

最近のようにコンピューターがこれだけ普及した時代にあっては、すべての入学申請書類はオンライン上で記入して送信するシステムになっています。

これがまたとても大変な作業で、約八ページのセクションを英語と格闘しながら四苦八苦し、一日がかりでやっとの思いですべてのセクションを記入し終わり送信することができました。

卒業証明書などの書類をすべてカレッジの学生事務局に提出し、合否を待つことになりました。

数週間ほどして入学受け入れの書類

が届いた時には、天にも昇る気分で、
「やった〜！」
と思わず叫んで、飛び上がって喜んだのでした。
人生で二番目に嬉しかった瞬間です。
一番は勿論、息子を授かった時であるのは言うまでもありません。
長年の願望がついに、ついに叶った瞬間でした。
還暦の誕生日から三か月後のことでした。

夏のセメスターから私の留学生活がいよいよ始まることになりました。
新入生はまず入学の準備としてやらなければならないことがあります。
それはＷＥＬＣＯＭＥ ＰＡＣＫＥＴ（international student program）というガイドにしたがって進めていきます。
一・学費の支払い
二・Ｆ―１ビザの取得
三・Health Insuranceに加入する

IVC（アーヴァイン・ヴァレー・カレッジ）の近代的なキャンパス

四・入学手続き
五・オリエンテーション
六・十二ユニットの授業への登録（すべてインターネットで登録する）
七・授業料の支払い（これもオンライン上で、クレジット・カードで支払う）
八・TBテスト
九・ハウジング
十・スタッフとの面談

TBテストとはツベルクリン反応検査で、結核に対する免疫を持っているかどうかの検査です。

日本にいる時確か小学校でやったような記憶がありますが、まさかこの年になってツベルクリン反応検査をすることになるとは……。

二日後の確認では勿論問題はありませんでした。

その後一週間ほどすると、上腕の内側の検査跡が、どす黒く変色してやがて瘡蓋《かさぶた》になって落ちていきました。

アメリカは移民の国ですので、とにかく外国から病気や細菌などが入り込むことにかなり神経を尖らせています。


コンピューター全盛の現代は、受けるクラスの登録や授業料の支払いはすべてオンラインで行うので圧倒的に便利です。

私が高校生の時は毎月の授業料（確か八百円だったと記憶しています）を現金で封筒に入れて事務室に直接持参して支払ったものでした。


いよいよカレッジでの授業がスタートし留学生はまず基本となるＥＳＬクラスを必ず受講しなければならず、それと並行して、プロナンスエーション、ボキャブラリー、グラマー、リスニング、リーディングなどのスキルアップのためのスペシャルスキルコースを受講します。

ＩＶＣのＥＳＬのクラスには、勿論高卒の新入生が多くいますが、それ以外に外国から仕事でアメリカに来ている人の家族（主に主婦）やグリーンカードを取得してアメリカに来たばかりの人や、実際に働いているけど英語力をもっと高めたい人など、結構な年齢層の人が授業を受けていました。

その中で一番多かったのがイラン人の主婦の方で、続いて韓国人、中国人、ベトナム人などで、意外と日本人は少なく私以外に主婦の方が一人だけでした。

先生はスーザンといって、いかにもアメリカ人という感じの五十代の女性の先生でした。


授業はテキストを元に行われますが、毎回必ずホームワークといって宿題が出ます。

それ以外にクイズといって日本でいうテストがよく行われますが、まじめにやっている新卒の生徒に紛れ込んだような状態のイラン人のおばさんたちは、めちゃくちゃパワーがあって、テストの最中に隣に座っているおばさんが答えを堂々と聞いてくることがよくありました。

新入生も年配のおじさんおばさんも外国人は押しなべて積極的にアピールする人が多

く、日本人はどちらかというとシャイで控えめな感じで、国民性がよく表れていました。

世界の十数か国から集まった老いも若きも一緒くたに行うＥＳＬのクラスは、それは、それは不思議な感じの授業でした。

日本人の感覚だと宿題はやってきて当たり前で、忘れると結構気まずい感覚になりますが、外国人は意外と平気で忘れてくる人が多く、その辺の感覚の違いはなかなか理解できませんでした。


私のメジャー（専攻）はアートで、最初の授業はAdobeのPhotoshopを使用することから始まりました。

講師はケイロンといって五十歳そこそこの陽気な男性教師でした。

授業は二百ページほどある超分厚い教本を使って行いますが、教室には数十台のパソコンがあり、各自に割り当てられます。

そのパソコンはデスクトップのｉＭａｃですが、ＷｉｎｄｏｗｓのＯＳにも対応していて、生徒は各自、自分の使い慣れたＯＳを選んで切り替えて使うことができます。

近代的な授業は、カレッジのサーバーにその日制作した作品をアップロードし、自宅に帰ってからでも自身のパスワードでアクセスし、自由に修正やアップデートができます。

私が高校で学んでいた頃の百％アナログの授業とは比較になりません。

一九九〇年代の初めに、当時流通の神様といわれていたダイエーの創立者である中内功氏が言っていた、

「これからは、英語とパソコンができなければ仕事にならない時代がやってくる」という言葉をまざまざと体験した気がしました。

語学学校の時にもありましたが、カレッジでも授業が始まり二週間ほど経つと、ポトラックといって、みんなでそれぞれの食事を持ち寄って親睦を目的とした小さなパーティーを行います。

スーザンの授業でも例外なくこれを行う日が来ました。

私はちらし寿司と、小さく切った餅入りのお汁粉を作って持ち寄りました。

ESL のクラスのポトラック　教師のスーザンと私

寿司は全世界で日本食を代表する食べ物との認識がありますが、ほとんどの外国人は握り寿司しか知りません。

しかし、考えてみたら日本には様々な寿司があります。

巻き寿司、ちらし寿司、いなり寿司、バラ寿司、押し寿司、手巻き寿司、なれ寿司、茶巾寿司、田舎寿司、etc.

私は、ちらし寿司がどういう物なのかを皆に説明するために、すし飯の中に入っている具材を一つずつ、シイタケ、かんぴょう、茹でたキヌサヤのスライス、ノリなどと説明しました。

するとそれを聞いていた、ある若い女性の先生が言いました。

「全部野菜でできているのならベジタリアンに

いいわね！」

「そうそその通り」

と言ってしまった私は、千切りにした錦糸卵の存在を思い出し、言葉に詰まってしまいました。

説明するべきかどうか悩んでいるうちにみんながドンドン食べ始めたので、この中にベジタリアンがいないことをひたすら願ったのでした。


車社会のカリフォルニアでは、カレッジには当然車で通学します。

校舎に隣接した広大な駐車場がありますが、カレッジポリス（大学のキャンパス内にpolice officeがあり、常駐している）が毎日違法駐車を取り締まりに来るため、一年分の駐車許可証を購入し、フロントガラスの内側に、外から見えるように貼っておきます。

土地が潤沢にあるアメリカのカレッジは、駐車場も充分に確保してはいるのですが、何せ車の絶対数が多いため、校舎に近い利便性の高い部分は真っ先に埋まってしまい、空きが無い場合は少し離れた不便な位置に止めなければなりません。

授業が始まるギリギリだと駐車場所が見つからないことがあるため、少し早めに登校しなければなりません。

校舎から近い場所にたまたま空きがあってうまく止められた時に、校舎へ向かって歩いていると、空きスペースを探している生徒に出くわすことがあります。

ある時一人のアラブ人風の生徒が、車の中から窓を開けて私に、

「You now Leave? You now Leave?」と話しかけてきました。

空きスペースが無くて困っているようだったのですが、私が、

「No!」

と答えると彼は他を探しに行ってしまいました。

授業開始時間が迫っている生徒が空きスペースを探すのに必死になっているのは、よく見る光景です。

数か月が過ぎて、かなり通学にも慣れてきたある日のこと。通常駐車する時はフロントから入って駐車しますが、何かの拍子に切り返してバックから止めたことがありました。

授業が終わって車に戻ると、フロントガラスにＦＩＮＥ（罰金）のチケットが張り付けてありました。

よくよく看板を見ると、後ろ止め禁止と書いてあるのに初めて気が付きました。

カレッジの習慣や授業のことで頭がいっぱいで看板をしっかり確認することのなかったことでつまらない反則金を支払う羽目になったのでした。


アーヴァイン・ヴァレー・カレッジは、その名もオレンジカウンティにあるため、校舎のいろいろなところにオレンジの木が植えてあります。

さほど手入れをしているようには見えない木に、六月から真夏にかけてオレンジがたわわに実ります。

スーパーで安く手に入るため、キャンパスに実ったオレンジには誰も見向きもしませんが、少年期に裏山などで山ブドウや野イチゴ、あるいは勇払原野《ゆうふつげんや》で野生のハスカップなどをとっていた私には、めちゃめちゃ興味がわく対象でした。


ある日見事に熟したオレンジを二～三個もぎ取り、家に持って帰りました。

オレンジカウンティ IVC のキャンパス内のオレンジ

おそらく農薬を使っていないであろうから、自然の虫などが表面に卵などを産み付けている可能性もあるため、金タワシと食器洗剤で表面をきれいに磨き、包丁でカットし身を口に運んで驚きました。

私は世界で一番好きな食べ物が、さつまいもとパイナップルなのですが、甘酸っぱい果物にも目がなく、柑橘系が大好きです。

このオレンジはなんと、今まで世界のあちらこちらで食べた数多くのオレンジがどれもかなわないほどの強烈な甘みと酸味で震えるほどのおいしさでした。

なぜこんなおいしい物を皆放っておく

Pronunciation クラスの講師と

のか信じられませんでした。

カリフォルニアの強烈な太陽が農作物に与えるエネルギーには想像を絶するパワーがあるようです。


スペシャルスキルコースの一つとして私はPronunciationの授業を取りました。

もともと英語の発音には自信があったのですが、よりネイティブに近い発音を目指してこの授業を取ることにしました。

講師はバーバラ・ルーサーといって、ほぼ私と同年代で、お菓子で有名なステラおばさんのような風貌の先生でした。

講師はほぼ立ったまま授業を行うの

で、後半になると疲れてくるのか、いつの間にか靴を脱いで靴下のまま歩き回っていました。

時々靴下の指先に穴が開いているのを発見しますが、本人は全く意に介していないようでした。

発音の授業ですので毎週ホームワークが出ますが、自宅でパソコンを使ってインターネットで専用のサーバーにアクセスし、ヘッドセットでテキストに沿って自分の声を録音します。

失敗した場合は何度でもやり直しがきき、自分で納得のいくベストのものをキープすることができます。

教師はそれをサーバーにアクセスして聴き、採点し、結果の紙を次回の授業で配布します。

私が中学三年生の時、英語の授業でＬＬ（Language Laboratory）というシステムが学校で初めて導入され、画期的なシステムができたと思ったものでした。

それは、サンプルの発音に準じて自分の発音を録音し、聴けるという程度でしたので、現在のそのシステムとはまるで比較にならないものでした。

技術の進歩には凄まじいものがありますが、ほぼ半世紀も前のことなら当然です。

このpronunciationの授業が六か月ほど過ぎた頃、成果を見るために五〜六人でチームを組んで発表会をやることになりました。

我々のチームのテーマは〝イギリスについて〟で、なんでもいいのでテーマに沿った寸劇を行うという課題でした。

台本も自分たちで考えることになっていたので、私がストーリーを考えて台本を書き、パワーポイントで資料を作り、パソコンを操作しながらイギリスについて寸劇風にプレゼンすることとなりました。

作り上げた台本を各メンバー宛てにメールで送り、読み合わせのスケジュールなどを打ち合わせ、本番に向けて練習をすることになりました。

ここで少し話は脱線しますが、私はイギリスには三度ほど行きました。イギリスには勿論日の沈まぬ国大英帝国としての世界に冠たる歴史がありますが、こと食べ物に至っては全くおいしいものが無くて、辟易したことを覚えています。

イギリスの方には大変申し訳ないのですが、思い当たるものといえば、ローストビーフカフィッシュアンドチップスくらいです。
なぜイギリスで日本食や中華、フレンチ、イタリアンなどのような食文化が生まれなかったのかを調べたところ、最も大きな原因が産業革命であるとの説に行き当たりました。

イギリスに伝統料理が存在しない理由はいくつかあります。

- 土地柄多くの野菜が育たなかった
- ピューリタン革命以後のジェントルマンの質素志向
- ナポレオン戦争以後のフランス文化の排除
- サーヴァント制度の弊害
- 産業革命と都市化

中でも産業革命がもたらした要素は相当大きかったようです。
それまで四分の三が農村に住んでいたのに、産業革命が起こったことにより都市への移住が進み、百年後には四分の三が都市に住むことになったのです。

その結果それまで食料をほぼ自給自足していた形から、お店で購入する形に変化しました。また、産業形態が変わったことによって、女性まで労働力として過酷な労働に駆り出されることとなりました。

当然家事に費やす時間が充分に取れないことから、簡単に済ます食事が主流となったということです。

イギリスの食事を揶揄するジョークに「最高の人生」というのがあります。

〝最高の人生とは、アメリカ人の給料をもらい、イギリス人の家に住み、日本人の嫁を娶り、中国人のコックを雇うこと。

最悪の人生とは、中国人の給料をもらい、日本人の家に住み、アメリカ人の嫁を娶り、イギリス人のコックを雇うこと〟

日本の家のことはさておいて、最悪の人生にはお気の毒様という他ありません。

そのイギリスをテーマにした発表会が迫ってきたある日の授業が終わったあと、

IVCでの授業風景

チームで残って練習をすることにしました。

結構余裕をもって何日か前に台本を各自にメールで送っていたので、皆ある程度は読む練習をしていたと思っていた私は愕然としてしまいました。

ほぼ全員が初見だったのです。

約束の日までにはある程度完成形に近いところまで読み込んでおこうという日本人の発想と、諸外国人のそれとでは結構な乖離があるということを改めて知らされました。

そこで私はみんなに発破をかけ、当日までにできる限りセリフを暗記しようと持ち掛けました。

果たして当日は……。

数日後の発表会の授業でいよいよ私たちの番がやってきました。

先生は「セリフを忘れた時のことを考えて台本を持っても構わないけど、基本的には見ないでやるように」と説明をしました。

私はパワーポイントを使っていろいろと画像でイギリスを説明する役割があるため、セリフはすべて完璧に覚えたのですが、他のメンバーは怪しいものでした。

ロシア人の一九〇センチはあろうかと思う背の高い男のミハイルが私たちのチームにいました。

聞くと彼もセリフは二～三度読んだくらいで全く覚えてきていませんでした。

そこで彼がとった手段に私はひっくり返りそうになりました。

普段の授業では全く見たことがなかったのですが、なんと彼はこの日、発表会の時だけ濃い目のサングラスをかけてスタートしたのでした。

手元の台本を見ている目元を気付かれないようにするためなのは見え見えですが、キャラクターとは全く関係のないサングラス姿にクラス内から嘲笑が漏れていました。

ジャカランダ（jacaranda）

五月の初旬から咲き始めるジャカランダは、カリフォルニアに多く生息している樹木で、カリフォルニアで唯一といっていい、季節を感じさせる花です。

またの名を「カリフォルニア・ライラック」といいます。

明るい紫色で、この花が咲くとカリフォルニアでは季節が夏に変わっていくことを知ります。

世界三大花木の一種で最も美しい花木といわれています。

日本ではあまり見かけませんが、南米、中央アメリカ、メキシコ、オーストラリアなどではポピュラーな花木です。

花言葉は「名誉」とか「栄光」です。花言葉の由来はラッパ状の花びらがファンファーレを吹くトランペットに似ているからだそうです。

この頃になると街路樹としてジャカランダを植えてある道路は一気に華やかになります。

そして六月のピークを境に、先に咲いていた花は牡丹のように花の根元からぽっきりと

ジャカランダ（jacaranda）紫色の絨毯

もげ落ち、足元の遊歩道を紫に染めて、いかにも紫色の絨毯を一面に敷き詰めたようなそれはそれは幻想的な道路に変えていきます。

普通に四季がある日本で生まれ育った私は、カリフォルニアではこの季節が一番好きです。

ちょっとしたお花見気分になりますが、間違っても日本の花見のようにこの木の下で酒盛りなどやってはいけません。

カリフォルニアのほとんどの地域では、パブリックスペース（公共の場所）では飲酒を禁じています。

ビーチや公園は勿論、歩きながらの飲酒や、たとえ自宅のドアの前でも目の前が公共の道路であれば逮捕されることもあります。

リサイクル

カリフォルニアでは、リサイクル可能な容器に入った飲み物の料金にはリサイクル料金がデポジットされています。California Redemption Value（ＣＲＶ）といって飲み物の容器にＣＲＶと印刷されていれば対象商品です。

たいていのペットボトルや缶に入った飲料などがそうです。

リサイクル対象の飲み物の容器をリサイクルセンターに持っていくと、ＣＲＶの払い戻しを受けることができます。

通常は重量で金額が決まりますが、私がよく行くＲａｌｐｈｓ（ラルフス）というスーパーマーケットには裏手にリサイクル容器をカウントするマシーンが設置されていて、ペットボトルや缶を一個ずつ、そのマシーンの中に入れていきます。

時間はかかりますが、ペットボトル一本当たり十セント（約十円）、缶は一本あたり五セント（約五円）なので、重量でまとめるよりも高く回収してもらえます。

アメリカは大量生産大量消費の文化が定着しているため、炭酸飲料などは、セールの時には信じられないような安さで買えます。

三五〇ｍＬ缶の十二本入りコーラが三ドルくらいで買えたり、炭酸水や水はもっと安く買うことができます。

空いた容器をためておいて、まとまったら買い物ついでにスーパーの裏手にあるマシーンでリサイクルします。

ある日いつものようにたまった空き缶やペットボトルを持ってスーパーの裏手にあるリサイクルマシーンに行くと、人が四人ほど待っていたことがありました。

私も特に急いでいなかったので順番が来るのを列に並んで待っていました。

一人、二人と処理が済んで私の番が近づいてきた時のことです。

ふと見ると、機械の横にビニール袋に入った空のペットボトルが無造作に置いてありました。

何だろうと気にはなったのですが、誰もがみな無視をして順番を待っていたところ、いよいよ私の前のアメリカ人の順番が回ってきた時に、それまでどこにいたのか分からない中国人の女性が突然現れて、その袋を持ち上げていわゆる横入りをする形で作業を始めたのです。

私の前のアメリカ人は、驚いて「Oh! Is this your`s?」と叫んだのですが、その中国人の女性は無言でひたすらペットボトルを機械の穴に入れる作業を黙々と繰り返すだけでした。

私の前のアメリカ人は両手を広げるジェスチャーをして首を何度も横に振るだけでした。


我々日本人は子供の頃から行列に規則正しく並ぶ習慣がついているものですが、どうやら多くの中国人にはそんな習慣は無いようで、おそらく彼女が来た時に何人か並んでいたので、機械の脇に物を置いて、自分の順番が来るのを他の場所で待っていたようでした。

なぜなら機械はスーパーマーケットの南側にあり、カリフォルニアのじりじりと焼けつく太陽をまともに浴びる位置にあったため、近くに車を止めて車内で涼んでいたようです。

私は中国人に対して特別な感情を持っているわけではありませんが、やはり私たち日本人とは違ったマインドを持っていることは明らかなようです。

私がよく買い物をしていたヘリテージというモールに入っている、ミツワという日本のスーパーで買い物をしていた時でした。

買い物は週に一度くらいのペースで行くので一度に結構な量の食材や飲み物を購入します。

アメリカのスーパーマーケットのレジは、ベルトコンベアーのような形式で、自分で購入した物と前の人の物との境目をはっきりさせるために、プラスチックの角張ったバトンのような物で仕切ってからそのベルトの上に並べます。

レジ係はそのベルトコンベアーを進めながらカウントをしてゆきます。

次の人は、前の人がすべての商品を載せ終わるまで自分の商品は載せません。

終わるとバトンを置いてから自分の商品を載せます。

私がいつものように商品を並べている時でした。

後ろにいた中国人の女性が、まだ私が商品を半分くらいしか載せていないのに、携帯で話をしながらドンドンと自分の商品を載せ始めたのです。

私は思わず「Excuse me!」「Excuse me!」と言っても、携帯電話に夢中で全く気付きませんでした。

私はレジの収拾がつかなくなってしまうので、精いっぱいの大声で、「EXCUSE　ME!」と怒鳴りつけました。

その中国人の女性は何が起こったのか分からないような顔をしてこっちを見ていました。

私が未だ自分の物を載せ終わっていないことを言うと、やっと状況を理解したのか自分の商品をカートに降ろし始めました。

彼らは往々にして周りを見ないで、自分勝手な判断で行動を起こすことがあるようです。

JAPANESE AMERICAN

移民の国アメリカは、よく人種のるつぼといわれますが、ヨーロッパ系、アフリカ系、中国系、韓国系、ベトナム系、etc.多くの人種が生活しています。

世界中から移民としてアメリカにやってきた一世は自国の風俗、習慣、マインドを持って生活をしていたと思われますが、二世、三世、四世ともなると、

〝朱に交われば赤くなる〟

ようで、日系人も例外ではありません。

見た目は明らかな日本人でも、アメリカで生まれ育つと、ほぼアメリカ人のマインドになってしまうようです。

前出のミツワ以外にも日本食のスーパーがありますが、そこでの出来事です。

そこのスーパーでは時々購入金額に応じて、一枚が一ドルとして使えるサービス券を発行していることがありました。

当然有効期限があるため失効する前に使用していたのですが、ある時うっかりしていて、有効期限が一日だけ過ぎてしまった券が五枚ほどありました。

日本の場合も期限が切れていたら使えないのが基本ですが、ひょっとして、

「一日くらいならお受けいたします」

なんて言ってくれたらラッキー！　と思い、駄目もとで、レジで提示してみることに

しました。

両親とも一〇〇パーセント日本人であろう明らかな日系人女性がレジにいました。

私は購入した物をカウンターに乗せ、会計時にそのサービス券を提示しました。

彼女はチェックしてすぐに、

「これ期限が切れている。駄目ね！」

と言って間髪を入れず、そのサービス券を目の前で乱暴にビリビリと三度ほどちぎるように破り、足元の屑籠に放り投げたのでした。

呆然と彼女を見ていた私をしり目に、その人は全く意に介す様子もなく、淡々と職務を全うしていたのでした。

せめて「申し訳ありませんが、有効期限が切れていて使えません」くらい言って券を私に返すくらいの心配りがあっても……。

ああ恐るべきは環境かな。

日本人の名前

アメリカ人にとって、アジア人の名前は、馴染みがないためとても発音しにくいようです。

特に中国人の名前を発音するのは、至難の業のようで、そのためほとんどの中国人はアメリカでは欧米風のニックネームを使用します。

なぜ中国人の名前が発音しにくいかというと、前にも触れましたが、日本語の母音はあいうえおの5個に対して、中国語の母音は短母音、副母音、鼻母音とあり、計36個あるそうです。

加えて子音が21個で、これらの組み合わせで作られる音の数は、なんと400以上となります。

それに四声（同じあでも、ā・á・ǎ・àのように四種類の発音のイントネーションがある）のパターンが組み合わされると、400×4＝1600もの音（音節）が存在することになります。日本語の51音に比べると、1600というのはとてつもなく多いわけで、この音節の多さ故に、他の言語を話す人たちにとって、中国語は発音・聞き取りがとんでもなく難解となるのです。

それに引き換え、日本人や韓国人の名前は比較的発音しやすいみたいで、勿論私は欧米風のニックネームは使う必要がありませんでしたが、そんな韓国人の中にも、ジェームスとかマイケルとかニックネームを使う人がいたのには驚きました。

私が休日にアーヴァインスペルトラムセンターというモールの中のメンズショップで買い物をしていた時のことでした。

商品を購入した時に応対した人懐っこい表情をした女性店員が「観光客か？」と聞いてきたので、アーヴァインに住んでいると答えると、「また来ることがあるのなら、メンバーズカードを作っておいたらいろいろと割り引きなどの特典があるよ」と言ってくれたので、私はそれを作ることにし、申込用紙に必要事項を記入して店員に渡したのでした。

商品の支払いをカードで済ませたから当然名前は確認してくれていると思っていたのですが、しばらくして手にしたメンバーズカードを見て私は愕然としてしまったのです。

メンバーズカードの名前は、DAI .MATSUKIではなく（DAI .MADSKI）（ダイ・マッドスキー……）

あきれた私は、文句を言う気力もなく、無言でカードをしまい、帰路につきました。

時計の修理

ある日息子が、愛用している時計が止まっているのに気が付き、私のところに持ってきました。日本のデパートで購入したセイコーのちょっとしたおしゃれなデザインの、それなりの値段のするクオーツ時計でした。購入してから未だ数年ほどしか経ってないので、おそらく電池が切れたのではないかと思われます。

日本で時計を修理する場合、機械式でもクオーツでも、時計という性質上繊細に扱うのは常識ですが、こちらでは違っていました。

少し大きめのモールに時計店が入っているのを思い出し、そこに持ち込みました。

そこは韓国系アメリカ人の経営する時計店のようで、オーナーか店長らしき責任者風の男が対応したので時計を見せて、電池の交換をしてくれと頼みました。

その男は、初めて見るタイプの時計のようで、しばらく表裏を確認したのちに、徐に万力に時計を挟み、ドライバーを裏蓋の隙間に当てて金槌のようなものでいきなり強く叩き始めたのです。

あっけにとられた私は、彼が二振り目を振り下ろした時にすぐ叫びました。

「No! No! No! Stop! Stop!」

「This is a precision machine. Don't hit it.」（精密機械だから叩いちゃダメじゃないか！）

彼は何事もなかったかのような顔をして、「裏蓋を開けないと電池の交換ができないよ」と言ってきたので、私は時計を返してもらい、次回の帰国時に東京の購入店で直すことに決め、すぐにその店を出たのです。

日本人とアメリカ人のあまりの感覚の違いに度肝を抜かれたのでした。

歯科治療

海外旅行中にけがをした時や、あるいは病気になった時ほど心細くなることはありません。

息子が三歳の時でした。

クリスマスの時期にオーストラリアに一週間ほど旅行をしたことがありました。

行きの飛行機の中でなんとなく元気がないと思っていたのですが、オーストラリアに近づくに連れてだんだんぐったりしてきたのです。

スチュワーデスさんに体温計が無いかと聞くと、機内には無いと言われたのですが、明らかに風邪で熱がある感じでした。

そのままなすすべなくケアンズ空港に着くと、イミグレーションは長蛇の列でした。

私に抱えられていた息子はぐったりとして寝ている感じでした。

私はそばにいた警官風のセキュリティに、

「息子が風邪をひいて熱がありぐったりしているので、できれば早く通過させてほしいのだけれど」と話しました。

普通なら長蛇の列の一番前に案内して事情を話し、すぐに通過させてくれると思ったのですが、そのセキュリティは、

「ではついてきたまえ」

と言って私たちを従えて別の列に連れて行き、

「この列に並びたまえ」

と言って立ち去りました。

その列はよく見ると、さっきまで並んでいた列とほとんど変わらない人数でした。

「なな、何だ、これは！」

オーストラリア人のアバウトさにあきれながら、息子が気になってとても悲しい思い

をしたのを覚えています。

やっとの思いでイミグレーションを通過して急いでホテルへ向かい、チェックインをしたあと、部屋に着いたところで息子をベッドに寝かせました。

幸いなことにＪＴＢで手配した旅行だったので、二十四時間体制で現地の日本語通訳が付いている医療保険が付帯されていました。

すぐに電話をすると、ほどなくサンタクロースの帽子をかぶった女性の通訳と医者が現れて、診察をしてくれ、薬を処方してくれました。

オーストラリアのクリスマスは当然のごとく南半球なので真夏ですので不思議な気がしました。


二日間薬を飲んで寝ていたおかげで、翌々日の午後には熱も下がり、普通に出かけられるまでになりました。

予定通りのスケジュールをこなすことができ、楽しい旅行となったのです。

この時は現地の日本語通訳付きの医療保険が付いていたのでとても助かりましたが、海外旅行や留学をする方にとって、保険に加入することはとても大事なことになります。

もしアメリカで軽い風邪をひいて病院に行くと、約五万円の治療費がかかります。盲腸の手術をしただけで二百万円くらいかかるといわれています。クレジットカードに付帯されている海外旅行保険でかなりの部分をカバーできる場合もありますが、気を付けたいものです。

私が十代の頃、虫歯の痛みで苦労をした経験から、息子には歯が生えてきた時から歯磨きには徹底した教育をしてきました。

朝晩はもとより、食後の歯磨きと、歯医者での定期健診をしっかり行ってきたおかげで、未だに虫歯が一本もありません。

残念ながら私は、アメリカ在住中に歯が痛み出したことがあり、歯医者を探すこととなりました。

前にも触れた羅府テレフォンガイドで、日本人の歯医者さんを探して訪ねました。

ここで少し日本とアメリカの歯科診療に対する意識の違いに触れておきたいと思います。

アメリカは日本よりも歯に対する意識が非常に高いのです。

日本では歯が痛くなった時や、虫歯が気になった時に歯医者に行き、治療をしますが、アメリカでは歯のクリーニングと検査を年に二回は行うことが多くの人の中で習慣づいています。

これらの人にとっては、美肌を保つよりもきれいな歯を手に入れたいという価値観があり、きれいな歯は仕事や人生に大きく影響すると考えられています。

したがって、特に子供の歯科矯正治療を行うことは、親の使命とも考えられており、いい大学に入ることと同じくらい歯の美しさを重要視しています。

そのためアメリカでは一般歯科医の他、五つの専門分野があり、歯科治療は分業制となっています。

- 根管治療に関してはEndodontists
- 歯周病治療に関してはPeriodontists
- 矯正治療に関してはOrthodontists
- 口腔外科に関してはOral Surgeons
- 補綴治療（かぶせ物）に関してはProsthodontists

というように、各分野のプロフェッショナルが、それぞれの得意な治療を分担しています。

羅府テレフォンガイドには日本人の歯医者さんがいくつも載っており、近くの歯医者を探すのにさほど苦労はしません。

しかし日本でもそうですが、歯医者の技術はピンキリで、腕のいい医師に当たればいいのですが、中にはとんでもない医者もいます。

かつて日本で、赤坂の歯医者に通っていた時に、治療をしてもすぐ痛みが出たり、おかしな症状が出ることがありました。

その先生は有名なプロレスラーにインプラントを何本も入れたと自慢していましたが、同じところが何回もおかしくなるので、ある時歯科衛生士さんにそのことを話したら、その方が、

「うちの先生は根管治療をちゃんとやらないのよねぇ」

と言ったのを聞いて愕然としました。

同じ病院内の衛生士さんにそう言われるとはどんな医者なのだと。

それ以来二度とそこには行かないことにしました。

もう一つ、恵比寿駅の近くに住んでいた時のことです。

近いというだけで、ある若い先生が開業したての歯医者に行きました。

一旦仮の歯を入れて次の治療に進む話をしていた時でした。

歯はかぶせ物をする時保険で治療すれば二〜三千円で済みますが、自費でセラミックにすると八万円から高いところでは十五万円ほどかかります。

その若い先生が、

「自費治療にしますか、保険治療にしますか？」

と聞いてきたので、私が、

「保険でお願いします」

と言ったところ、あからさまに不機嫌な顔になり、

「あっそうですか、分かりました」

と言って、ヤットコのような道具でいきなり治療中の仮歯を掴み、乱暴に、かつ力任せにひねり上げたのです。

思わず私は「ぅぎぁ〜〜〜」と叫ぶほどでした。

横についていた女性スタッフも、若先生の豹変したご乱心ぶりを、あっけにとられて

見ていたほどでした。

一通りその日の治療を終えて会計をする時に、

「今までの領収書をまとめて全部下さい」

と言ったら、先程の殿のご乱心を見ていた受付の女性スタッフは、

「ああこの人はもう来ないのだな」と思ったのでしょう、黙って過去の治療費の領収書を渡してくれ、

「次回の予約はいかがなさいますか？」と、か細い声で聞いてきました。

私が「こちらから改めて電話します」と言って帰ったのは言うまでもありません。

これらはほんの一部のポンコツ歯医者の例でして、日本には腕のいい歯医者さんがたくさんいらっしゃることは皆さんよくご存知だと思います。

アメリカでは、幸いにも腕のいい歯医者さんに当たったため、さほど苦労はしませんでした。

しかし、日本との違いは明らかで、プライバシーを徹底的に守るため、一つ一つの診

察台がすべて独立して仕切られていて、たとえ診察台への移動の途中でも他の患者さんの治療の顔やレントゲン写真などを見ることは一切ありませんでした。

この点は日本の歯科医院にもぜひ取り入れていただきたいものです。

中国人と果樹

私たちが借りている11Washingtonの家のバックヤードには持ち主が台湾人であるため、グァバ、フィグ（イチジク）、デイト、に加えて、梨、りんご（フジ）、柿（日本の柿）などの果樹がいっぱい植えられてあり、毎年たわわに実を付けます。

家を借りる時の条件として、故意にスプリンクラーを止めるなどして「決して果樹を枯らさないこと」という条件が付いていました。


中国人は実のなる木を自宅に植えることによって、たわわに実った果実が子孫繁栄、商売繁盛などの幸福に繋がると考える概念があるようです。

毎年春先になると大家のミスターチューが固形の肥料を抱えて来て、木槌でそれらをそれぞれの果樹の周りの地面に打ち込みます。

それが我が家の春の風物詩でした。

無花果が実をつけると、実の裂けたところから放たれるなんとも言えない甘い匂いに誘われて、日本では見たこともない玉虫色の大きな虫がどこからともなくたくさん集まって来ました。

一番多くの実をつけたのが台湾産のグァバで、真っ白な実をたくさんつけ、食べ切れないほどでした。

柿の木は一メートル数十センチほどの木でしたが、秋になると十数個の実をつけました。

私は食べ物の好き嫌いはほとんどないのですが、柿と牡蠣が食べられないので味は分かりませんでした。

りんごの品種は日本のフジですが、直径五センチほどの小さな実をつけ、味は甘酸っぱく、普通のフジと変わりませんでした。

問題はデイトです。

大家さんのミスターチューがデイトという名だと教えてくれた実ですが、三メートルほどの木に幅二・五センチ、長さ四センチほどの楕円形の実がたわわに実ります。

食べてみるとりんごのような味がしますが、あまりおいしい物ではありませんでした。

これが熟すと、カラスがいつの間にかやってきて、むさぼるように食べるため、最初のシーズンは熟した頃を見計らって、木の棒で叩き落として拾い集め、ゴミとして捨ててしまいました。

それから数日後、ミスターチューから一本の電話が入り、庭の様子を見たいのだけれどどのことでしたので、時間を決めて彼の訪問を待ちました。

裏庭に彼を案内したところ、ミスターチューはデイトの木の前で固まっていました。

その時私はやっと事態を飲み込むことができたのです。

彼はデイトが熟す今頃を見計らって家を訪問し、デイトがいらないならもらっていこうとしていたようでした。

そんなことを知らない私が、たくさんのカラスが寄ってくるそれを、すべて棒で叩き落としてしまったため愕然としていたようです。

状況を理解した私は、丸裸になったデイトの木をただただ呆然と見つめ続けている、少しガニ股で猫背の彼の、夕日に染まり哀愁に満ちた後ろ姿を、数十秒間じっと見つめていることしかできませんでした。

第五章　ホームステイ

突然のホームステイ

陽介の高校留学生活も一年が過ぎると、毎日安定した生活のリズムを刻むようになってきたようです。

日本にいる母親や祖母とも、毎週土曜日の夜九時（日本時間の日曜日の午後一時）と時間を決めて、スカイプで顔を見ながら十五～二十分ほど話をするのにもすっかり慣れてきて、学校生活の様子を楽しそうに話しているようでした。


学校での様子にも大分慣れて余裕が出てきたせいか、いろいろなものが見えてきたようで、ある日の夕食をとっている時でした。

「お父さん、話があるんだけど」と言ってきたのです。

私が「何だい？」と聞くと。

「実は僕ホームステイをしたいんだけど」

私は突然の話でまさに寝耳に水でした。

なんで急にそう考えるようになったのかを聞くと、

「家にいるとお父さんと日本語で会話をするから、せっかく留学していても英語の上達が遅いから」との回答でした。

確かに親と一緒に留学しているのは、ほぼ稀有な例で、他のほとんどの留学生はホームステイをしています。

ネイティブスピーカーのホストファミリーと一緒に暮らしていたら、会話力は上がっていくのは当然で、一年経って同じクラスの留学生の上達を見てそれを痛感したのかもしれません。

陽介とは、過去に海外出張で一週間程度離れて暮らしていたことはあっても、それ以上別々に暮らしたことは一度もありませんでした。

かなりの抵抗を持っていた私は、このままの生活でも、英語の会話力を上げていくことはいくらでもできるのではないかと提案をしました。

例えばスカイプを使った英会話のレッスンをするとか、洋画を字幕なしで観るとか、家庭教師を雇うとか、なんとか別々の生活をしないで済む方法を考えて提案しました。

あとで思えば、長期間陽介と離れて生活をすることに対する恐怖心が私のどこかにあったのかもしれません。

それはおそらく私が未だに子離れができていなかったせいなのかも……。

あらゆる提案はすべて無駄でした。

陽介の意志は固く、私は陽介の情熱に押し切られ、ホームステイを承諾することとなりました。

ちょうど学期は夏休みに入るタイミングだったので、学校の事務局にホームステイのことを相談し、日本に帰国することとし、休みの間にホストファミリーが決まればいいなと思っていました。


日本で過ごしていた夏休み中に、ホストファミリーの候補者から事務局を通じてメールが届きました。

学校から車で十二分ほどのところに住んでいる、ジョナサン&ダイアン・ルーミスという白人夫婦でした。

手紙の内容によると、ジョナサンの家には二人分のホームステイ用の部屋があり、一つは同じハイスクールの、陽介より一年先輩の中国人がおり、他の一部屋が空いている

ホストファミリーと

とのことでした。
日曜日に家族でゲームナイトをするのが好きとか、夕食のテーブルで生徒と話すのを楽しんでいるとか、月に二度ほどカーレースやフットボール見学、あるいは動物園や水族館に行くなど、さすがアメリカ人らしく自分たちがどんなことをして留学生をもてなしているかをプレゼンテーションしているかのような内容でした。
また、自分たちは日本の文化に大いに興味があるというような内容が書いてあり、なぜか招き猫のことがいろいろと書いてあったので、ひょっとして収集でもしているのかと思ったくらいでした。
メールは全体的に良さそうな人柄が滲み

出ている内容で、陽介を預けるには安心できそうな気がしました。

日本から何度かメールのやり取りをして、陽介とも相談をして最終的にジョナサンのところに決めることとなりました。

二週間ほど日本での夏休みを過ごし、カリフォルニアへ戻り、新しい学期が始まりました。

まず、最初にジョナサンの家に挨拶に行くことにしたのですが、その日は一緒に彼らの家でディナーをしようという誘いがあり、受けることにしました。

カーナビを頼りに家に着くと、百八十五センチほどある、がっしりとした大柄なジョナサンと、これまた体重が三桁は優にあると思われるダイアンという五十代の典型的なアメリカ人夫妻が出迎えてくれました。

家は私たちが住んでいる場所と似たような（ゲートコミュニティではなかったけど）、閑静な住宅街で、治安も良さそうなところでした。

家の裏庭には小さいながらもプールがあり、共働きの夫婦としては結構高い生活水準を感じました。

二人には子供がいないようで、リビングにはジョナサンが若い頃入隊していた海兵隊の軍服姿の写真が誇らしげに飾ってありました。

簡単に家の中と陽介がお世話になる部屋の説明を聞いてから、ダイニングルームに通されると、ほぼほぼディナーの準備ができていました。

この日のメニューは、メインディッシュがチキンの胸肉をオーブンで焼いたものでした。

アメリカの鶏ですから、それはまさに大きな肉の塊でした。

キッチンで皿に乗ったチキンの胸肉を各自渡され、鍋の中にある蒸したブロッコリーを自分で取るように言われました。

私は肉料理なので当然大きなボールに入った野菜サラダがテーブルの上にあるものと思い、ブロッコリーは一かけらだけをよそってテーブルに着くと目が点になりました。

なな、なんとそこにはメインディッシュ以外には皿に盛られたライスとフォーク、ナイフしかありませんでした。

こっ、これだけ？

毎食にサラダやフルーツや、野菜の煮物などをふんだんに用意する我々の食事からすると、なんとシンプルなのか……。

私はブロッコリーをたっぷりと取らなかったことを後悔しました。

大きな肉の塊と一かけらのブロッコリー。

高カロリーで、低ビタミン、ミネラル、食物繊維のアメリカの食生活を目の当たりにし、「これじゃあサプリメントが必要だよなぁ」

と心の中で呟いたのでした。


キッチンとダイニングの間のカウンターには何やら薬と思しき物や、サプリメントらしき物がずらりと並んでいました。


食事の前にジョナサンが聖書の一文と思しき言葉を唱え始め、最後のアーメンが合図で食事が始まりました。

ジョナサンは、共働きの家なので、炊事も協力してやるようで、今日のチキンの胸肉料理は私が作ったと誇らしげに言いました。

私は勿論社交辞令で、

「とてもおいしい！」と言ったところ、彼はハーブの入ったマジックソルトを持ってきて、「これをかけてオーブンで焼いただけだよ！」

と言って微笑んでいました。

家でのルールは、朝夕食はホストファミリーが作ってくれ、昼は学校の食堂で食べること。

洗濯と自分の部屋の掃除は各々がすること。

学校への送り迎えは原則しないので自家用車か、スクールバスを利用すること。

などなどでした。

自己紹介を兼ねたディナーも滞りなく終了してこの日は帰宅し、後日荷物を持って引越しをすることになりました。

引越しは数日後の土曜日に行うことにしました。

土日のうちに新しい部屋に慣れることと、スクールバスの乗り場までの道順を確認したりなど新生活に慣れるためです。

数日後、一年数か月を過ごした家から荷物を積み込んで、いよいよ陽介をホストファミリーの家に送り届けに向かいました。

私の心の中はこれからの陽介の生活を案ずる不安感や心配や寂しさが渦巻いていて、落ち着かない思いでいっぱいでした。

フリーウェイを走っている時は、運転に集中していたためほとんど無言でしたが、一般道に降りてからは私から話を切り出しました。

「陽介がホームステイをしたいと思ったのは、純粋に英語の会話力を上達させたいからなのかい？　それともお父さんとは一緒にいたくないから？」

陽介の正直な気持ちを確認したかったはずなのに、途中まで話して私は感極まって言葉に詰まってしまいました。

なぜか胸が締め付けられる感情を必死で堪えて、かろうじて最後まで話し終えました。

「純粋に英語力を高めたいからだよ！」

淡々とした答えに息子の成長を感じたのと、別れの寂しさが入り混じった思いがいつまでも消えませんでした。

ホストファミリーの家に着くと、二人が出迎えてくれ、部屋に案内されました。

二階にある八畳ほどの部屋は、シングルベッドと勉強机と、本棚と洋服ダンスがあるだけの質素な部屋でした。

私はこれから陽介が生活する部屋なので、できるだけ清潔にしようと掃除機とバケツと、雑巾を借りて二人で掃除を始めました。

空の本棚をずらしてみると、その後ろは何年分かの埃でいっぱいでした。

ふと床を見ると一枚の絵が本棚の陰に隠れるように落ちていたのを見つけました。

見ると明らかに中国人が書いた風景画でした。

私はそれをジョナサンのところに持っていき状況を説明すると、返ってきた答えに愕然としました。

「確かにこの絵には見覚えがあるよ！　これは十年前にこの部屋に、ホームステイしていた中国人生徒が書いたものだよ」

ガ～ン！

何かの弾みで本棚の裏に落っこちてしまったのでしょうが、十年間一度も　本棚を動かして掃除をしていなかったことが信じられませんでした。

どちらかというと几帳面な性格の私は、開いた口が塞がらなかったのでした。

一通り掃除を終えて、勉強道具やラップトップコンピューター、衣類、水、おやつなどの荷物を運び終え、明日から全く新しい生活を始める息子に対し、一抹の不安を抱えながら励ましの言葉をかけ、毎週末に陽介が好きな麦茶とその他の必要なものを持参することを伝え、ホストファミリーに挨拶をして、私は一人で帰路につきました。

帰路の車の中で私は寂しさから溢れる涙を抑えることができませんでした。

月曜日の朝目覚めた時に、新しい生活を始めた息子のことが気になって
「あぁ今起きた頃かな」とか、

「今頃朝食中かな、スクールバスに向かって歩いているところかな？」など、常に気になる生活が毎日続きました。
学校に着いたら、あとは何かあってもホストファミリーが対処してくれるので、心配はありませんでしたが、ほとほと心配性の自分にあきれるくらい毎日毎日陽介の行動を考える日々が続きました。

土曜日が来るのがいつも待ち遠しかったのは、ポットに入った麦茶やペットボトルの飲み水（ピュリファイアーウォーター）、日本のお菓子などを届けるために陽介に会いに行き、近況を聞くことができたからでした。

玄関の呼び鈴を鳴らすといつもジョナサンか、ダイアンが出迎えてくれたのですが、何か月か経つと土曜の決まった時間の訪問者は私であることが分かってきたので、常に陽介がドアを開けてくれるようになったのでした。
ホームステイは陽介にとって快適なようで、いつも明るい笑顔で出迎えてくれたので安心できました。

慣れてきた頃には、土日は月に一度くらいの頻度でカーレースを見に行ったり、アメリカ人の大好きなフットボールの試合を見に行ったりするようで、時にはシーワールド・サンディエゴに行って終日水族館を満喫したりしているようでした。


ホームステイを始めてから数か月が経った頃、陽介に余裕が出てきたのか、月に一度くらいのペースで、週末の土日は私の家で過ごすようになりました。

金曜日の授業が終わった時間に車で学校まで迎えに行き、ホームステイ先へ一旦寄って、着替えてラップトップなどを持って家へ向かいます。


週末を家で過ごし、日曜日の午後にホームステイ先へ送って行きます。

車の中で今後のアメリカ生活について尋ねてみました。

「ハイスクールを卒業したら日本とアメリカのどっちの大学に行くつもりだい？」

すかさず、

「そりゃあアメリカの大学に行くよ」との回答が返ってきました。

「具体的に目星を付けているの？」

「まだ具体的には決まっていないけど、できればいい大学に行きたい」

こんな会話の中にも着実にアメリカでの留学生活が充実してきている手ごたえを感じたのでした。

息子の運転免許

ホームステイも概ね一年ほど経った頃、夏休みを利用して息子にも運転免許証を取らせることにしました。

自分で運転をして学校に通えるようになったら、今はスクールバスに乗るために早起きをしているのが少しはゆっくりできるようになります。

カリフォルニアの免許制度についてはすでに紹介済みですので、ここでは未成年者の免許取得についてお話しします。

カリフォルニアでは十六歳になると運転免許証を取得することができますが、十八歳に満たないと、学科試験に合格してから実地試験まで六か月間路上練習を行わなければなりません。

自宅の前で免許取得のための実地練習

陽介も私と同じように、DMVへ行って学科試験を受け、一発で合格しましたので規定通り六か月間の実地練習をすることにしました。

この時点で、すでにカリフォルニアの運転免許証を持っている私が助手席に同乗して、日頃乗っている車で実地練習をすることにしました。

幸い私たちが住んでいるのはゲートコミュニティなので、住人以外の車はほぼ通らないため、車の運転の練習をするにはうってつけでした。

車の運転の初期段階で一番大切なことは車両の感覚を掴むことです。

運転席から見た場合、車の車両感覚は意

外と大きく感じてしまうものです。

まずは家の前の道路で停止線にフロントバンパーをぴたりと止める練習。

次にバックでリアバンパーを停止線にぴたりと止める練習。

実際の車の大きさの感じを掴んだら次は取り回しの練習として、まっすぐ進んではHの文字のようにバックで縦列駐車をし、またまっすぐ進んではバックで縦列駐車という練習を繰り返し、次に前進とバックで逆のことをやる練習をしました。

次にカーブを切る時の内輪差の把握。

これらのことを一日三十分ほどみっちりやり、三日もすると結構大きな車でも車両感覚と取り回しがかなり慣れてきます。

次にゲートシティ内の閑散とした道路でいよいよ実地の練習をしました。

一旦車両の感覚と取り回しを覚えたら、あとは比較的楽に運転ができるものです。

考えてみたら、自動車というのはハンドルとアクセルとブレーキという単純な三つの操作しかありません。

ウィンカーはハンドルを切る前に曲がる方向に操作するだけですし、アクセルもブレーキも基本は同じ右足で操作するのですから。何はともあれブレーキを踏むと四輪を付けた箱型の部屋は止まってくれます。

工事現場で見かけるショベルカーや大型クレーン、フォークリフトの方が余程難しいと思います。

ゲートコミュニティでの実地練習に慣れてきたら、次はゲートから出て通常の道路での練習をし、それに慣れてきたらフリーウェイでの練習と、少しずつ範囲を広げて順調に一か月ほど練習を重ねてゆきました。

しかしこれらの練習は、残念ながら結果としてアメリカでは実を結ぶことにならなかったのでした。

第六章

急な帰国

一本の電話

「人間万事塞翁が馬」

「禍福は糾える縄の如し」

人生に起きてくる様々な出来事、その瞬間には不幸としか思えないことが、実は、「災い転じて福となす」場合も多々あります。

しかし今起きていることを鳥瞰して、仙人のように達観できる人はなかなかいないものです。


それは一本の電話から始まりました。

私がセミリタイアをしたあと、会社を任せていた社長からの電話でした。

社内内部で幹部の一人が中心となって社員の一部と結託し、相当数の顧客を引き連れて新しい会社を設立したという知らせでした。

まさに、鬼のいぬ間のなんとかで……。

寝耳に水の話で、遠いカリフォルニアからではできることも限られ、社長に対処を任せることしかできずにいた状況でした。

悪いことは重なるもので、北海道の実家から父親が危篤であることの電話が入ったのです。まさに、

〝泣き面に蜂〟

ダブルでストレスを抱えることになったのです。

八十六歳になる父は六十代に行った、ペースメーカーを埋め込む手術や、甲状腺癌などでかなり体調を崩しており、この頃には癌がリンパや肺に転移していたのでした。

何日も最善の方法を考えてはみたのですが、やはり会社の立て直しや、父親の危篤に際しどうしても帰国を選択せざるを得なくなってしまったのでした。

そのことを陽介に伝え、

「お父さんは帰国しなければいけなくなったけど、陽介が留学を続けたければ今まで通り全力で応援するからどうするか自分で判断しなさい」

と言ってはみたものの、やはり未成年の息子をアメリカに一人残して帰国することはとても不安な私でした。

数日間かけて何度も話し合った上で出た最終結論は、二人とも帰国して陽介は東京のインターナショナルスクールに通うということでした。

帰国することが決まると、こちらにやって来た時と反対の多くのことを行っていかなければいけません。

学校への届け出、公共料金の解約、銀行の解約、車や家具の処分、家の解約などなど。中でも三年近く住んでいたことによって、日本に持って帰る荷物がいろいろと増えていたので、海を渡る引越しをしなければいけません。

またまた羅府テレフォンガイドの出番がやってきました。

交通事故

アーヴァインの道は非常に整備されていて見通しがいいため、一般道でも多くのドライバーは結構なスピードを出して走行しているのが日常です。

ある日カレッジの授業が終わって帰路につくため、いつもの道を走っていた時でした。

前を走っていた車が突然その前の車に大きな音と共に衝突したのでした。

私は咄嗟に急ブレーキを踏んで停止しました。

幸い車間距離をしっかりとっていたため、十メートル以上は余裕を持って止まることができました。

その瞬間全身に衝撃が走りました。

一瞬何が起こったのか分からなかったのですが、後ろを見ると一台の車が私の車に追突していたのでした。

私は咄嗟に外へ出て、スマホを出して状況を撮影しました。

前の二台のドライバーはお互いに外へ出て話をし始めたようですが、私の車にぶつけたドライバーは車の中にいました。

一通り写真を撮ったのを確認して私は後ろの車に向かいました。

ドライバーはメキシコ人の若い、どうやら学生とおぼしき女の子でした。

「なぜ車間距離を取ってなかったの？」私の質問に対して返ってきた答えが、

「あなたが急に止まったのが悪い！」でした。

〝議論に勝つコツは議論をしないこと〟

この状況で議論をしてもしょうがないと考えた私は、

「インシュランスに入っている？」と聞くと
「入っているよ」との答えでした。

「ドライバーライセンスを見せて」との私の質問に一瞬彼女の顔が曇ったのを私は見逃しませんでした。

彼女が渋々出したライセンスは、なんとＤＭＶが発行した縦形のただのＩＤカードだったのでした。

「キミは免許証を持っていないのかい？」

私の質問に彼女はただ首を横に振るだけでした。

彼女のインシュランスと、ＩＤの写メを取っている時に気が付いたのですが、なんと彼女の名前はジェニファー・ロペスだったのです。

「ん？　どこかで聞いたことがある名前だな」

Jennifer（ジェニファー）という名前は英語圏では、一位Mary（メアリ）二位Helen（ヘレン）三位Ana（アナ）四位Emily（エミリー）などに続いて人気のある名前の第九位に入るほどポピュラーで、伝説的人物アーサー王の王妃から取った名前のようです。

一方ロペスという苗字はスペイン語圏では、一位ゴンサレス、二位フェルナンデス、三位ロドリゲス、四位ガルシアに次いで五位に入るほどポピュラーな名前です。

アメリカの歌手で女優のジェニファー・ロペスと同じ名前とは随分名前負けしている感じの子でしたが……。

インシュランスと、IDを彼女に返したところで、前の二人の情報交換が終わったと見えて、そのぶつけた方のドライバーが私のところに来て大丈夫かと聞いてきました。

私に対して、自分が起こした事故の巻き添えを食らわせたことを申し訳ないと思ったのか、こちらの状況を聞いてきたので私は、

「私にぶつけた彼女は無免許だ」と言うと、

「アーヴァイン警察を呼んだ方がいいよ。電話番号を教えようか？」と言うので、番号を聞いて電話をかけ状況を伝えました。

「直ちに警察官をそちらに向かわせるので待っていて下さい」とのことでしたが、やっぱりアメリカです。日本のそれとは違ってなかなか到着しませんでした。

パトカーが来るのか白バイが来るのか分かりませんでしたが、待っている間に私にぶ

つけた彼女がスマホで何やら話していて突然私に、

「父親が話したいと言っているので替わってくれ」と言ってきたのです。

電話を替わると彼女の父親が、申し訳ないという詫びを言った直後に、

「我々はフルカバーのインシュランスに入っているので、パーフェクトにあなたの車を修理できるから警察には届けないでくれ」と言ってきたのです。

私は面食らってしまい、

「君は何を言っているんだ。娘に無免許で運転をさせるなんてこれは親としての君の責任だぞ!」と強い口調で言ってやりました。

「なんと言われても返す言葉が無いが、ほんとに修理代金はしっかり保証できるので、なんとか警察には届けないでくれ」の一点張りでした。

私も長いこと生きてきているので、日本で車をぶつけられたことは、やたら多くは無いけれど何度かはあったので、過去のことを思い出していました。

アメリカでの大きな事故は何せ初めてなので、後々困らないためにしっかりと警察に届けておいた方がいいと思い、

「もうすでにアーヴァイン警察に電話をしたのでポリスがこっちに向かっている」と言

うと、

「Oh Jesus!」という力ない言葉が電話から漏れ聞こえてきました。

電話を彼女に返し、

「君は学生か？」と問いかけると、彼女は、

「Yes!」と答えたので、

「ＩＶＣの生徒か？」と聞くとそうだとの答えでした。

私は軽く微笑んで、

「じゃあ私と同じだね」と言うと、メキシカンのジェニファー・ロペスは怪訝そうな顔をして私を見つめていました。

卒業生なのか？

まさかこの年で今ＩＶＣに通ってはいまいと思っているのか、知る由もありませんでした。

ほどなくして『白バイ野郎ジョン＆パンチ』さながらの警官が一人やってきました。

一通りの状況説明をして彼女と必要な情報交換も、し終えたことを告げ、作業が完了するとその白バイ野郎は、

「じゃあ君は帰っていいよ」と言うので私は帰路につくことにしました。

メキシカンのジェニファー・ロペスは、どうやら、家族が迎えに来るまでそこで待機しなければならないようで、白バイ野郎と一緒にしばらくいることになったようでした。


アメリカの交通事故の処理は、すべてが弁護士任せになることを前に書きましたが、いよいよ私がその当事者となることになってしまいました。

家に帰り、前出の羅府テレフォンガイドをすぐに開いて弁護士の広告を探しました。相変わらず訴訟大国のアメリカで弁護士の広告は一番いい場所にデカデカと掲載されていました。

いくつかある日本語の通じる弁護士事務所の中から、どれを選ぼうかと考えていましたが、写真のイメージはすべてよく作ってあるので、実績や人となりなど知るすべもない状況では選択肢はやはり一番大きな広告となってしまいます。

一つの弁護士事務所に決めて電話をすると、竹内弁護士という方が担当してくれることになりました。

翌日、待ち合わせ場所に指定されたファミレスに行くと、四十代の中肉中背の日本人弁護士の竹内氏が現れました。

通り一遍の挨拶をしたあとで私が、竹内弁護士がアメリカに来た経緯や、アメリカでの弁護士活動に至るまでの経緯などを聞いていると、竹内弁護士は飲み物を持ってきたウェイターに対して、突然窓を指さして、

「あそこの窓に反射する日の光が眩しいからカーテンを閉めろ!」と言い放ったのです。

それはあたかも弁護士の威厳を私に示すかのようなアピールに見えました。

アメリカで生きてゆくために身に付けた、自己顕示の必要性を知らず知らずのうちに発揮しているかのようでした。

私は事故の状況と、あと一か月ほどで帰国する旨を伝えると、竹内弁護士が言いました。

「状況は分かりました。明日から毎日私が指定する整体に通って下さい。いいですか毎日です。提携している整体なのでお金は最終的に精算しますので一円も出さなくて結構です。

日本に帰ってからもできるだけ整体に通って下さい。

そしてそれにかかった料金の書類をメールに添付して私に送って下さい。

次に車の修理が必要でしょうから私の指定する提携修理工場で修理して下さい。

日本人が経営していますのでコミュニケーションに問題はありません。

お金は最終的に精算しますので一円も出さなくて結構です。

修理中に必要な代車も提携修理工場で手配してくれます。こちらも一円も出さなくて結構です。

次に、相手の保険会社から電話があると思いますが、すべて竹内弁護士に任せていると言って一切かかわらないで下さい。あなたが加入している保険会社から電話があった場合でもです。とにかく保険会社は相手のでも自分のでもすべて敵だと思って下さい」

私は一瞬何を言っているのか理解できませんでした。

「保険会社はすべて敵だと言う意味は、我々はできるだけ多くの金額を手に入れるために両方の保険会社と戦わなければなりません」

そう言って竹内氏は今後の流れを説明し、

「そのようにして最終的に、我々と松木さんの取り分が決まります。その取り分は帰国後であってもご指定の口座に振り込まれます」と言ったのです。

日本の場合弁護士が絡む案件というものは、様々な感情が入り組んだ中で非常にデリケートな流れとなりますが、ここ合理主義の国アメリカでは、完全なビジネスになっているということをこの「松木さんの取り分」という言葉を聞いて実感しました。

思い起こせば二度目の短期留学の時に起きた富田さんの事故の時に聞いた、

「事故後の処理はすべて双方の弁護士や保険会社が行うので当人たちは二度と会うこともありません。これはたとえ相手がお亡くなりになった場合でもです」

という言葉をしみじみと理解した瞬間でした。

その後指定の修理工場に車を持って行き、手配してもらった代車に乗って整体通いが始まりました。

これまた三十代の日本人夫婦が経営している整体で、帰国までの許せる時間をほぼ毎日通ったのでした。

一週間ほどして車の修理が終わった旨の電話を受け、修理工場へ向かいました。

修理が完了した車を見て愕然としました。

一見修理が完了したように見えますが、実に大雑把な修理で、トランクやリアのフェンダーがゆがんでいるのです。

日本の場合修理工場で修理した車は廃車寸前まで破損していない限り、どんな状態であっても、素人目にはほとんど分からないくらい新車に近い状態までに仕上がります。

それを知っていた私はあまりのできの悪さに驚いてすぐに指摘しました。

どうやらここの主は日本人でも、修理をしているのはメキシコ人のようでした。

高度な車社会で事故が日常茶飯事のアメリカでは、修理の完璧さはあまり求められていないのかもしれません。

私の指摘を聞いた主は意外とシレっとして、

「ああそうですか。ではやり直しましょう。もう少し時間を下さい」と言って再度修理をすることとなりました。

それから数日を経て、車を取りに行った私は、またまた目を疑ったのです。

トランクと車体などの修理した部分とその他の部分にある隙間が全く一定ではなく、広いところや狭いところがあるのです。

これ以上言っても無駄かもしれない。

そう思った私は、帰国が近いことも相まってあきらめることにしました。


帰国に当たって車を処分しなければならないため、ここの主に一応相談をすることにしました。カリフォルニアにも日本の中古車買い取りのガリバーなどがあるので、私は、「トヨタの中古車販売店か、ガリバーに買い取ってもらおうと思っているのですが、どちらが高く買い取ってくれると思いますか？」と聞くと、社長は、

「うちでも買い取りはしますよ。トヨタの中古車販売店よりは高く査定します。ガリバーは一番安いです」

と言い切ったのでした。

一応査定額を聞いて、トヨタとガリバーにも査定をしてもらったところ、社長が「一番安い査定をしますよ」と言い切ったガリバーが一番高い査定金額を出してきたのです。

当然ガリバーに頼んだのは言うまでもありません。

それにしても自動車業界にいる社長のこのミスアンダースタンディングは、いったいどう解釈したらいいのか。

〝曖かいカリフォルニアにいたら皆こうなっちゃうのかなぁ〟

としみじみと感じたのでした。


この事故は、私が体験したアメリカでの唯一の事故かと言えば実はもう一つあったのです。この事故から遡ること一年ほど前のことでした。

いつも食料品を買いに行く近くのモールで車を駐車しようとしていた時のことです。前にワゴン車が止まっていて駐車スペースをどこにしようか迷っているようでした。

私は車間距離を十分にとって前の車が動くのを待っていたところ、そのワゴン車が突然バックしてきたのです。

私は思わずクラクションを鳴らしたのですが、後ろを見ずにバックしてきたワゴン車が私の車のフロントバンパーにゴツンとぶつかって止まったのです。

私は車から降りると運転手と他の二人が降りてきました。

三人とも五十代の韓国人のおばさんでした。

三人はワゴン車の後ろを見ながら韓国語で何やらしゃべりまくっていたのです。

「後ろを確認しなかったのですか？」という私の問いかけに対して運転していたおばさんは英語で、

「見えなかったわ」と言ったあとで、他の二人に、

「私が事故を起こすなんて信じられない！　人生で初めてよ」などと英語で言っていました。

私は「とにかくぶつかったことは間違いないので、一応免許証とインシュランスを見せて下さい」と言って相手が差し出したライセンスを携帯の写メで撮影しました。

するとそのおばさんが、

「あなたのライセンスも見せて頂戴」と言ってきたので私が差し出すとおばさんはとんでもないことをしたのです。

写メで撮りにくかったのか、私のライセンスをいきなり地面に直に置き、写メを撮ったのでした。

勿論私は日本人ですから相手のライセンスを地面に置くような無礼なことはせずに、左手に持ち右手で写メを撮りました。

国民性の違いをいちいち指摘しても埒が明かないので、ここはじっと我慢で、それが済むのを待っていました。

事故の程度が幸いにも見た目に目立ったへこみなどが無いくらいに軽微だったので、一応相手の電話番号を聞いた上で、

「明日メーカーに車を持って行って、特段修理の必要が無かったら何も連絡はしません」と伝えました。

相手も納得をしたようなので、最後に私は、

「とにかくバックをする時は、しっかりと後ろを確認しながらバックした方がいいですよ。これが人間だったら大変なことになっていたよ」と言うと、次にそのおばさんが言い放った一言に私はあきれ返りました。

「人間だったらぶつけなかったわよ！」

真顔で言い放った彼女に対して私は、

「じゃあ車だって分かっていたからぶつけたの？」

と聞くと、彼女は何も言わずにじっと私を見つめるだけでした。

翌日車の点検をしてもらったところ、ほぼ問題がなかったので、この騒動はこれで終

わったわけですが、国民性の違いと、女性の運転の怖さを改めて理解しました。

話は違いますが、女性の運転に纏わる漫画みたいな話があります。

昔知人から聞いた話ですが、その知人の知り合いの五十代の女性が車を運転中赤信号で停止をしていたら、いきなり後ろからドスンという衝撃を感じ、振り返ると工事用のトラックが追突していました。

その女性は慌てて車を飛び出してトラックの運転手に対して、

「ちょっとあなたどうしてぶつけるの！　前を見ていなかったの！」

とすごい剣幕で怒鳴りつけたそうです。

トラックの運転手はしばし唖然としていたのですが、徐に頭を掻きながらにやにやして言ったそうです。

「これだから女の運転は困っちゃうんだよなぁ。奥さんね、ここは緩やかな登り坂なのは分かる？　奥さんサイドブレーキかけていないでしょう。奥さんの方がぶつかってきたんだよ！　ちょっと見ていて」

そう言ってトラックのドライバーは後ろを確認後一メートルほどバックして止まったところ、女性の車がそれを追うようにしてバックして再びトラックにぶつかったのでした。

やっと状況を飲み込めた女性が、赤面しながらひたすら謝ったのは言うまでもありません。

そのあとトラックも女性の車も、ほとんど傷らしい傷もなかったことから問題にはせず別れたそうです。

勿論女性ドライバーの中には運転の上手な方はたくさんいらっしゃるでしょうが、通常の感覚では理解できない、おやっと思う運転をする方も結構いらっしゃるようです。

帰国準備

帰国の日時をまず決めて、それに合わせて息子と私の学校への届け出や、借りている家の解約、公共料金や銀行口座の解約、携帯電話の解約、車の売却、家具類の売却、日本へ送る荷物の梱包などの計画を立てました。

特に車や携帯電話、家具類などは、帰国ギリギリまで使用するため売却は最後にし、最初にカリフォルニアに来た時に家を借りるまで住んでいたホテルを、帰国直前の二日間予約して、すべてを完璧に終わらせることにしました。

私はカレッジで帰国の手続きをして、先生やクラスメイトに挨拶をしていると、大昔に小学校や中学、高校の卒業式の日や、転校する最後の日に感じた、

「ああこれでこの学校とも、みんなともお別れか」

といった感傷的な寂しさを懐かしく思い出しました。

陽介もハイスクールでクラスメイトに対して、おそらく同じような気持ちでいるのかなと思ったものでした。

陽介は学校の手続きさえ終わればいつでも帰国できるため残務整理が必要な私より一週間ほど早く帰国することにしました。

いよいよ陽介の帰国の日が来ました。

家のあるアーヴァインからＬＡＸ（ロサンゼルス空港）までフリーウェイで向かう車の中で、陽介は周りの風景を心によく焼き付けておきたかったのか、ひたすらスマホのシャッターを切っていたのでした。

初めての一人旅

陽介が初めて海外に行ったのは二歳の時のハワイでした。

以後十六年間の間に毎年ヨーロッパを中心にオーストラリア、アメリカ、アジアなど訪れた国は十二か国に上っていますが、常に私と一緒だったので、これが初めての海外一人旅となります。

空港に到着してカウンターでチェックインを済ませるまでは一緒にいましたが、この日も相変わらず大勢の人でごった返していたので、セキュリティチェックからはかなり長い行列に一人で並ぶことになります。

しばしの別れですが、行列に並んでいる姿を見て、これからの十時間の一人旅を思い、一抹の不安が過ぎったものの、一人旅ができるまで成長した姿を頼もしくも感じたのでした。

セキュリティチェックを過ぎてゲートへ向かう後ろ姿にいつまでも手を振りながら見送ったあと、姿が見えなくなってしばらく経っても何かあったらと心配が募り、ボーディングタイムまでは空港に残って待っていました。

三十分ほど経過してから陽介が所有している日本の携帯電話にあえて電話をして、万事滞りないかを確認している自分に、いつまで経ったら心配性が収まるのだろうと思ったものでした。

家具の整理

日本とカリフォルニアは日本人の行き来が多いために、海外への引越し業者は実に充実しています。

その中でANAグループにOCSという会社があり、そこのムービングパックというのを利用することにしました。

電話はオペレーターも日本人で、申し込むと、必要な梱包資材を事前に送ってくれて、引越し荷物の回収は勿論、成田での通関手続きから日本国内の配送まですべてやってくれて、料金もリーズナブルでした。

家で使っていた家具を売却するために、いくつかの業者を羅府テレフォンガイドで探して相見積もりをしてもらい、一番高く買い取ってくれるところに決めました。

日本でリサイクルに物を出すと、ほぼ二束三文での買い取りになることを覚悟しなければなりませんが、ここカリフォルニアでは、消耗品については大量生産、大量消費の文化であっても、こと耐久財に関しては、物を大切に使うためか、そこそこいい値段が付いたのには驚きました。

日本人の、人の良さそうな買い取り業者が、メキシコ人の相棒と二人で来て、トラックにすべての荷物を実に器用に積み込み終わると、徐にポケットから二つ折りにしたドル紙幣の塊を出して料金を支払ってくれました。

東京でも何度か引越しを経験していた私ですが、家具がすべて運び出されて何も無くなった部屋を最後に点検していると、その部屋で過ごしたそれまでの思い出が走馬灯のように蘇り、なんとも言えない悲しさが込み上げてきたものでした。

がらんどうになった家の中を見て、三年近くの数々の思い出が頭の中を巡りました。

すべての手続きを終えて、いよいよ帰国する前日になりました。

売却した車の代わりに借りたレンタカーを駆って、前日から住んでいたホテルに向かいこの三年間の出来事に思いを巡らせていたのでした。

第七章　帰国

留学最終日

留学最後の日の朝は、薄曇りから次第にカリフォルニアの抜けるような青空に変わっていく爽やかな天気となりました。

ホテルで朝食を済ませ、空港に向かい、空港近くでレンタカーを返却し、シャトルバスで空港へ移動することにしました。


日本でレンタカーを借りて返却する場合、微に入り細に入り、傷やへこみなどが無いかを入念に調べ、ガソリンも満タンになっているかなど細かなところまで確認してから返却完了となりますが、ロスのＨｅｒｔｚレンタカーは、何せ規模が大きく国民性と相まって、悪く言えば大雑把、よく言えば大らかで細かなことは気にしない感じです。

車についているバーコードを読み取り、軽くチェックしただけで、オッケーと言って終了でした。

シャトルバスに乗り空港に向かい、次にここへ来るのはいつの日になるだろうと考えていました。

飛行機に乗り込み、いよいよロサンゼルス国際空港を飛び立つ時が来ました。

この三年間、盆暮れには帰国していたのと、短期留学の二年を含めて幾度となく飛び立った馴染みのあるこの空港も、今回は違った感慨に浸ってのＴＡＫＥ　ＯＦＦとなりました。

「またいつでも来られるさ！」

そう言って窓から遠ざかるロスの街を見降ろすと、自然と涙が溢れてくるのを止められませんでした。

一足先に帰国した陽介と五年前の夏に初めて短期留学に来た時のことを思い出し、それから過ぎ去ったこの五年の歳月で、逞しく成長した息子を思うのと同時に、還暦を過ぎてなお学び、成長しているかのような、ある種の喜びを感じている自分がいました。

五年前のあの夏、私は父親になった気がする。

勿論、息子が生まれた時に父親になったのは当然だけれど、
あの時、初めて本当の意味での父親になった気がする。

子供が生まれたから父親になるのではなく、
子供が真の成長をし始めた時に父親になるのだと感じた。
親父と息子の時間はほんの一瞬の連続だ。
同じ時は決して繰り返さない。
だからこそ刹那、刹那を大切に、懸命に生きてきた。
今、改めて心の底から息子に言いたい。
「父親にしてくれてありがとう」

おわりに

先日インターネット上でこんな情報を見つけました。

外務省の感染症危険情報で英語圏の主要な留学先であるアメリカ、カナダ、イギリス、フィリピンなどで感染症危険情報レベル三（渡航中止勧告）が発出されている中、○○国はレベル二と、他国よりも安全に渡航いただけます。（※）二〇二一年一月現在。

新型コロナウイルスの世界的蔓延によって、多くの若者が人生の大切な時間を奪われてしまいました。

スポーツの世界では一生に一度巡ってくるかどうかの大会が中止になって、涙を流す高校生の姿が痛々しくテレビで放送されていました。

予定していた海外留学がままならなくなって、人生設計を大きく変更しなければならなくなった若者も大勢いらっしゃったことと思います。

ご本人は、他人の慰めの言葉では埋め尽くせないほどの悲しみや焦燥感に苛まれていたと思います。

でもそれは決して永遠に続く悲しみでも、ましてやすべてを失ったわけでもありません。

「人生は心一つの置き所」

自らあきらめない限りチャンスは必ずやってきます。

長い人生の中で起こる一つの出来事は、いいことも悪いことも、あとでふり返った時にきっといい思い出になるはずです。

自分が前向きに生きてさえいたら。

ヨットは、追い風は勿論のこと、向かい風さえも前進のエネルギーに変えることができます。

逆風も、いや、逆風だからこそ、そこに前進のチャンスがあるのです。

あきらめさえしなければ。

成功者とは、成功できなかった人があきらめたところから、ほんの一歩前に進んだ人です。

そこに輝ける道が開けているのですから。

最後に僕の好きな言葉を皆さんに贈ります。

No pain no gain.

Positive thinking helps us live longer.

【著者紹介】

松木 梯（まつき だい）

1953年北海道芦別市生まれ。

6歳で苫小牧に転居し、北海道立苫小牧東高等学校卒業後上京。

数々の職業を転々とし、40歳の時にコンサルティング会社を設立。

社長業の傍ら、いち早くコンピューターを学び、DTPデザイナーとしても活躍する。

若いころからスキー、水泳、バスケットボール、スキューバダイビングなど、スポーツは万能で、20代の時にプロボクサーのライセンスを取得。

40年以上続けているウエイトトレーニングは、自宅にジムを作ってしまうほどの入れ込みよう。

趣味は海外旅行と料理で、海外は2023年6月の時点で、ヨーロッパを中心に45か国を訪れている。

歌と料理の腕前はプロ級である。

講演会等のご依頼や、作品に関するご意見ご要望等は下記までご連絡ください。
e-mail: dai.matsuki4343@gmail.com

還暦《かんれき》の留学生《りゅうがくせい》［文庫改訂版］

2023年6月21日　第1刷発行

著　者　　松木 梯
発行人　　久保田貴幸

発行元　　株式会社 幻冬舎メディアコンサルティング
〒151-0051　東京都渋谷区千駄ヶ谷4-9-7
電話　03-5411-6440（編集）

発売元　　株式会社 幻冬舎
〒151-0051　東京都渋谷区千駄ヶ谷4-9-7
電話　03-5411-6222（営業）

印刷・製本　中央精版印刷株式会社
装　丁　　太田晴子

検印廃止

Printed in Japan
ISBN 978-4-344-94515-9 C0095
幻冬舎メディアコンサルティングＨＰ
https://www.gentosha-mc.com/